로마서 7장 14-25절의

현재시제와 삽입구에 대한 사이다 설명!

변승우 지음

도서출판 거룩한진주

CONTENTS

내가 보니

모든 완전한 것이 다 끝이 있어도

주의 계명들은 심히 넓으니이다

- 시편 119편 96절 -

“

우리가 율법은 신령한 줄 알거니와 나는 육신에 속하여 죄 아래에 팔렸도다. 내가 행하는 것을 내가 알지 못하노니 곧 내가 원하는 것은 행하지 아니하고 도리어 미워하는 것을 행함이라. 만일 내가 원하지 아니하는 그것을 행하면 내가 이로써 율법이 선한 것을 시인하노니 이제는 그것을 행하는 자가 내가 아니요 내 속에 거하는 죄니라.

내 속 곧 내 육신에 선한 것이 거하지 아니하는 줄을 아노니 원함은 내게 있으나 선을 행하는 것은 없노라. 내가 원하는 바 선은 행하지 아니하고 도리어 원하지 아니하는 바 악을 행하는도다. 만일 내가 원하지 아니하는 그것을 하면 이를 행하는 자는 내가 아니요 내 속에 거하는 죄니라. 그러므로 내가 한 법을 깨달았노니 곧 선을 행하기 원하는 나에게 악이 함께 있는 것이로다.

내 속사람으로는 하나님의 법을 즐거워하되 내 지체 속에서 한 다른 법이 내 마음의 법과 싸워 내 지체 속에 있는 죄의 법으로 나를 사로잡는 것을 보는도다.

오호라 나는 곤고한 사람이로다. 이 사망의 몸에서 누가 나를 건져내랴. 우리 주 예수 그리스도로 말미암아 하나님께 감사하리로다. 그런즉 내 자신이 마음으로는 하나님의 법을 육신으로는 죄의 법을 섬기노라.

”

- 로마서 7:14-25 -

본문은 악명 높은 난해구로 난해구 중의 난해구입니다. 저는 제가 본문을 이해하고 있다고 생각했습니다. 그러나 그것이 아니었습니다. 그래서 뿌리를 뽑기 위해 마음먹고 깊이 연구했는데, 단번에 성공하진 못했습니다.

저는 과거에 여러 번 "최고의 난해구들은 해석이 세 번 뒤집히고 네 번째 온전한 해석이 온다!"고 말했습니다. 제가 말하는 해석은 그때마다 완벽한 해석이라고 믿어지는 수준의 해석을 뜻합니다. 그런 해석이 세 번 정도 뒤집어져야 진짜 해석이 됩니다. 이것은 그동안 수많은 난해구들의 해석에 성공한 제 경험에 의한 통계입니다. 그런데 안 그럴 줄 알았는데 이번에도 예외가 아니었습니다.

최근에 제가 2년 전 완성한 본문에 대한 설교 원고를 교정하고 있을 때, 토마스 슈라이너의 말이 특별히 공감이 되었습니다.

"이 단락은 그리스도인의 경험과 그리스도인이 되기 이전의 경험을 판단하기 위한 의도가 아니다. 이 부분은 변화시키기 위한 율법의 내재적인 무능성에 초점이 있다."[1]

그 후, 주일 아침 그날 할 설교 원고를 읽고 있는데 갑자기 로마서 7장 6절이 떠올랐습니다.

"이제는 우리가 얽매였던 것에 대하여 죽었으므로 율법에서 벗어났으니 **이러므로 우리가 영의 새로운 것으로 섬길 것이요 율법 조문의 묵은 것으로 아니할지니라.**"

이것은 바울이 구원받은 신자들에게 한 권면입니다. 그런데 신자가 선택할 수 있는 옵션이 두 가지입니다. 첫째는, 영의 새로운 것으로 섬기는 것이고 둘째는, 율법 조문의 묵은 것으로 섬기는 것입니다. 당연히 우리는 율법 조문의 묵은 것이 아니라 영의 새로운 것으로 섬겨야 합니다. 바울이 7-8장을 통해 말하고 싶어 하는 강조점이 바로 그것입니다!

---

1 토마스 슈라이너 『로마서』 배용덕 옮김. 서울: 부흥과개혁사, 2013. p. 461.

이 점에 착안해서, 저는 본문이 구원받기 전이나 후의 상태를 묘사한 것이 아니라 구원받은 신자가 율법 조문의 묵은 것으로 섬기면 어떤 상태가 되는지 보여준 것이라고 생각했습니다. 반면에, 8장 전반부는 영의 새로운 것으로 섬기면 어떻게 되는지를 설명한 것이라고 생각했습니다. 이것이 본문과 8장의 진짜 의미라고 믿었습니다.

그 후, 실력 있는 몇몇 목사님들과 제 생각을 나눴을 때 모두 동의했고, 반론이 없었습니다. 특히, 저는 이 해석을 통해 본문이 신자의 선택이 되어, 최고 난제인 현재시제가 완전히 해결된다는 점이 마음에 들었고 성경해석의 쾌거라고 생각하고 좋아했습니다.

그러다가, 지난주 월요일(2024년 6월 3일) 한 신학생이 단 제 해석에 태클을 거는 댓글을 읽었습니다. 그러나 지난주 설명한 것을 수용하지 않은 내용이라 처음에는 무시했습니다. 그런데 본문을 저처럼 해석하면 7장과 8장이 조화가 안 된다는 지적은 확인해 볼 필요가 있다는 생각이 들어 성경을 펴고 확인했습니다. 그 결과, 몇 가지 이유 때문에 제 해석이 불가하다는 충격적인 사실을 깨달았습니다. 그래서 제가 틀렸다는 것을 인정하고 폐기할 수밖에 없었습니다.

그날 공들인 본문에 대한 해석이 허무하게 무너진 후, 저는 실로 엄청난 충격을 받았습니다. 얼굴은 사색이 되었고 마음은 낙담이 되었습니다.

'아~ 이제 앞으로 어떻게 설교를 하나? 도대체 무서워서 설교를 어떻게 하나?'

이런 생각이 들면서 설교할 자신이 없어졌습니다. 저는 어릴 때부터 꿈에도 소원이 목사가 되는 것이었고, 지금까지 한 번도 마음이 흔들린 적이 없습니다. 그런데 그날 충격이 얼마나 컸던지 처음으로 설교와 목회에 대한 제 의욕까지 꺾어버릴 정도였습니다.

더 큰 문제는, 단지 새 해석이 무너졌다는 것이 아니라 과거의 해석도 신뢰할 수 없게 되었다는 점입니다. 본문을 구원받기 전의 상태로 볼 때 최고의 난제는 현재시제입니다. 그런데 과거의 상태를 과거시제로 말해야지 왜 현재시제로 말합니까? 난제 중의 난제입니다. 그래서 저는 오래도록 고수했던 본문에 대한 과거의 견해에 의문을 품게 되었습니다.

그런데, 7장 6절에 근거해서 본문을 신자가 율법 조문의 묵은 것으로 행할 때의 상태로 보는 새 견해에서는 현재시제가 깔끔하게 해결됩니다. 왜냐하면 본문이 7장 6절의 "이제는"을 받기 때문에 현재시제를 사용한 것이 전혀 이상하지 않기 때문입니다. 현재시제가 깔끔하게 해결되고, 동시에 어거스틴 계승자들의 견해처럼 구원파로 흐르지도 않습니다. 그래서 저는 이 해석이 마음에 들었고 옳다고 생각했습니다.

그러나 본문이 율법하에 있는 사람의 상태라는 해석은 현재시제에 대한 설명이 불완전합니다. 그래서 더 이상 예전처럼 그 해석이 만족스럽지 않았습니다. 때문에 저는 본문이 구원받은 신자의 상태라는 어거스틴 계승자들의 해석이 옳을 수도 있다는 가능성까지 열어놓고 처음부터 다시 연구하기 시작했습니다. 그러자 모든 것이 불분명하고 아무것도 모르겠더라고요. 그래서 정신적으로 패닉 상태가 되었습니다.

제 마음은 큰 상처를 받았고 정신적으로도 몹시 피곤했습니다. 그러나 본문에 대한 분명한 해석이 안 되면 설교를 계속할 수 없습니다. 최소한, 율법하에 있는 신자의 상태라는 것이 옳다는 것이라도 드러나야 후속 설교가 가능해집니다. 설상가상으로, 임직식과 신학교 강의 때문에 제게는 시간이 거의 없었습니다. 그래서 정신적인 한계를 느꼈지만 마음을 추스르고 본문을 무한 반복해서 읽으며 다시 씨름할 수밖에 없었습니다.

여러분이 제 입장이 되어보십시오! 성경이 기록된 이후 '구원받은 신자의 상태다!' 또는 '율법 아래 있는 사람의 상태다!' 여기서 더 나아가지 못하고 있는 본문에 대한 정확한 해석이 그날 제가 씨름한다고 가능할까요? 더구나, 신학생

시절부터 무려 40년 이상 궁금해하고 연구해도 답을 얻지 못한 현재시제에 대한 정확한 답을 갑자기 연구한다고 당일에 깨달을 수 있겠습니까? 가능성이 전혀 없고 불가능한 일입니다. 누구보다 제가 그것을 잘 알지만 코너에 몰렸기 때문에 타는 듯한 마음으로 처절한 연구를 계속할 수밖에 없었습니다.

그런데, 하나님이 그런 저를 측은히 여기셨습니다. 기적이 일어났습니다! 저는 밤 8시부터 본문과 씨름하기 시작해서 10시쯤 늦게 저녁 식사를 하고 다시 기약도 없는 씨름을 했습니다. 그런데 새벽 2시 20분에서 40분 사이, 갑자기 바울이 왜 현재시제를 사용했는지 감이 잡히고 깨달아지더니 마침내 완벽하게 이해할 수 있게 되었습니다. 뿐만 아니라 제가 로마서 7장과 8장을 보면서 찜찜하기도 하고, 궁금하기도 하고, 불확실하기도 해서, 늘 혼란스럽고 정확하게 알고 싶었지만 알 수 없었던 모든 것이 다 이해가 되었습니다. 이 모든 과정을 곁에서 지켜보다가 은혜로 완성된 해석을 들은 후, 박세훈 목사님은 감격해서 이렇게 말했습니다.

"저는 그동안 성경해석의 기적을 말로만 들었습니다. 그런데, 드디어 오늘 성경해석의 기적, 그것도 기적 중의 기적을 직접 보았습니다! 너무 경이롭고 온몸에 소름이 돋습니다!"

옳습니다. 이것은 기적 중의 기적입니다. 그러나 저의 힘으로 된 것이 아닙니다. 하나님의 은혜입니다. 또, 성도 여러분이 기도해주신 덕분입니다. 그래서 먼저는 하나님께 영광을 올려드리고, 성도님들에게도 감사를 드리고 싶습니다. 그리고 앞으로도 제가 진리를 옳게 분별하고 정확하게 해석할 수 있도록 계속 기도해달라는 기도 부탁을 드리고 싶습니다.

그럼 기쁘고 감사한 마음으로 본문에 대한 새로운 그리고 완벽한 해석을 여러분과 나누도록 하겠습니다.

Romans

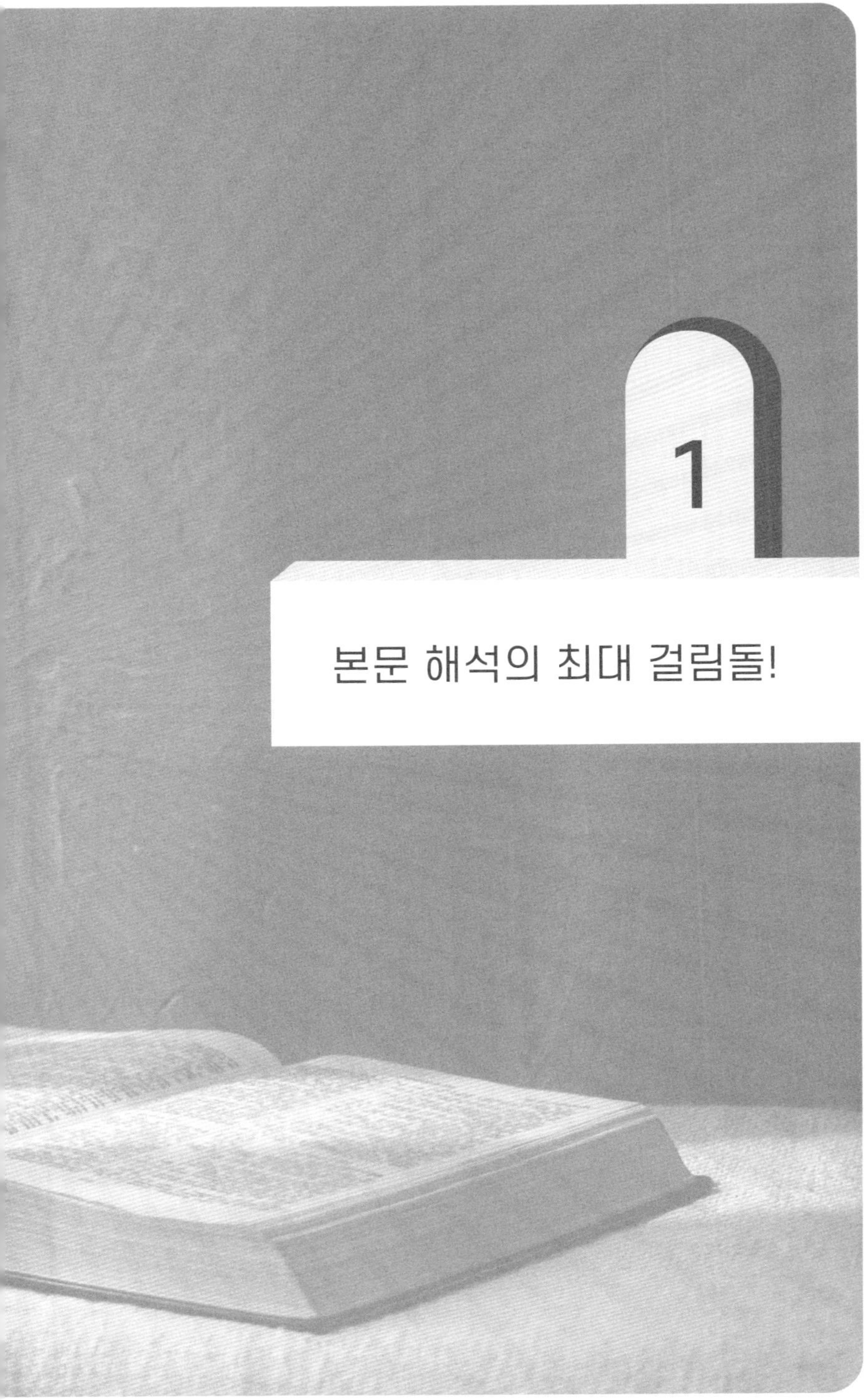

1

본문 해석의 최대 걸림돌!

본문 해석의 가장 큰 걸림돌은 바울이 사용한 1인칭 단수와 현재시제입니다. 문제를 정확히 파악해야 정확한 답을 알 수 있습니다. 그래서 먼저 이 두 가지를 살펴보고자 합니다.

(1) 바울이 사용한 1인칭 단수!

이것은 굉장히 간단합니다. 1인칭 단수 '나'는 나를 가리킵니다. 그런데 로마서의 저자는 바울입니다. 그러므로 본문에서 '나'는 바울입니다. 바울이 자신의 경험을 예로 들고 있기 때문에 1인칭 단수 '나'를 사용한 것입니다.

그런데 학자들은 1인칭 단수와 함께 사용된 현재시제를 이해할 수가 없었습니다. 그래서 이것을 단순하게 받아들이지 못하고 수많은 추론과 가설을 만들어냈습니다.

일례로, 고대 세계에서 1인칭 '나'는 다른 사람들에게 적용할 수 있는 내용을 표현하는 수사학적인 용어로 자주 사용이 되었습니다. 큄멜에 의하면 오늘날 유대교의 선생인 랍비들도 1인칭 '나'를 그런 의미로 사용하는 경우가 있다고 합니다.[2] 바로 그런 유대적인 용법을 사용하여 바울이 '나'라는 1인칭 단수를 사용했고, 그러므로 본문의 '나'를 실제 바울 개인으로 생각하면 안 된다는 것이 그것입니다. 이 외에도 여러 가지 가설들이 있습니다. 그래서 '나'를 이해하는 것이 점점 복잡하고 어려워졌습니다.

그러나 본문의 "나"는 실제로 바울 자신을 뜻합니다. 그래서 본문이 바울의 현재 상태일까요? 즉, 구원받은 신자의 정상적인 상태라는 말인가요? 그렇지는 않습니다. 그 견해는 6장과 8장 그리고 바울서신 전체뿐 아니라 신약성경 전체와 모순입니다. 그러므로 본문은 절대로 바울이나 신자들의 현재 상태가 아닙니다.

그렇다면 바울은 본문이 자신의 현재 상태가 아닌데도 왜 1인칭 단수를 사용했을까요?

우리는 그 답을 본문이 아니라 7-13절에서 찾아야 합니다. 왜냐하면 그때부터 1인칭 단수를 사용했기 때문입니다. 전에

---

2 강병도 편 『호크마 종합주석 6』 서울: 기독지혜사, 1991. p. 234.

도 설명했듯이, 로마서 6장 전반부는 말씀대로 살아야 된다, 후반부는 버림받지 않으려면 반드시 말씀대로 살아야 된다는 내용입니다. 그래서 "그럼 어떻게 해야 죄를 이기고 말씀대로 살 수 있느냐?"는 질문이 생겨났고, 이 질문에 간단히 답한 것이 7장 6절입니다. 그 뒤, 바울은 우선 7장 전체를 통해 율법 조문의 묵은 것으로는 절대로 죄를 이기고 말씀대로 살 수 없다는 것을 설명했습니다. 당연히 그는 '어떻게 하면 이것을 잘 설명하고 이해시킬 수 있을까?' 하고 생각했을 것입니다.

그때, 전광석화처럼 떠오른 것이 있었습니다. 바로 자신이 율법으로 하나님을 섬겼었고 누구보다 열심이었다는 사실입니다.

> 갈라디아서 1:13-14 **"내가 이전에 유대교에 있을 때에** 행한 일을 너희가 들었거니와 **하나님의 교회를 심히 박해하여 멸하고 내가 내 동족 중 여러 연갑자보다 유대교를 지나치게 믿어 내 조상의 전통에 대하여 더욱 열심이 있었으나"**

> 빌립보서 3:5-6 **"나는 팔일 만에 할례를 받고 이스라엘 족속이요 베냐민 지파요 히브리인 중의 히브리인이요 율법으로는 바리새인이요 열심으로는 교회를 박해하고 율법의 의로는 흠이**

없는 자라."

이것을 그 당시 모두 알고 있었습니다(갈 1:13). 그래서 자기의 과거의 경험을 통해 설명하는 것이 가장 효과적이라고 판단했습니다. 이것이 자신의 과거의 경험을 소환하고 그것을 통해 율법으로는 절대 죄를 이기고 말씀대로 살 수 없다는 것을 설명한 이유입니다. 즉, 바울이 1인칭 단수를 사용한 이유입니다.

혹자는 "하지만 빌립보서 3장 6절에서 바울은 '율법의 의로는 흠이 없는 자라.'고 말하지 않았습니까?"라고 반문할 것입니다. 그러나 그것은 과거의 생각일 뿐 로마서를 쓰고 있는 현재의 판단이 아닙니다. 사실, 바울이 자랑한 의는 예수님이 인정하시지 않는 서기관과 바리새인들의 의였습니다(마 5:20). 그것은 회칠한 담과 평토장한 무덤과 같은 의로, 사람 보기에는 옳으나 주님이 서기관과 바리새인들을 책망하신 것에 잘 나타나 있듯이, 하나님이 보실 때는 가증한 것이고 한마디로 외식입니다.

과거에 바울은 그것을 몰랐습니다. 그러나 지금은 잘 압니다. 그것을 로마서 7장 7-8절이 어느 정도 보여줍니다.

"율법으로 말미암지 않고는 내가 죄를 알지 못하였으니 곧 율법이 탐내지 말라 하지 아니하였더라면 내가 탐심을 알지 못하였으리라. 그러나 죄가 기회를 타서 계명으로 말미암아 내 속에서 온갖 탐심을 이루었나니"

왜냐하면 이 구절은 바리새인들처럼 단순히 행동이 아니라 마음으로 짓는 죄를 문제 삼고 있기 때문입니다. 저는 이것이 바울이 현재의 시각에서 과거를 회상하면서 자신의 과거를 예로 설명하고 있다는 증거라고 생각합니다. 이처럼 바울은 율법으로는 죄를 이기고 말씀대로 살 수 없다는 것을 설명하기 위해 자신의 과거의 경험을 예로 들었습니다. 그러므로 이 단락을 통해 이렇게 말하고 있는 셈입니다.

"아서라! 내가 해봤다. 너희보다 더 열심히 해봤다! 누구보다도 열심히 해보았다. 그런데 실패했다. 너희도 마찬가지다! 그러니 율법으로는 절대로 죄를 이기고 말씀대로 살 수가 없다는 것을 제발 좀 깨달아라!"

이제, 왜 바울이 본문에서 1인칭 단수를 사용했는지 확실히 아시겠지요!

(2) 바울이 사용한 현재시제!

물론 방금 설명해드린 1인칭 단수도 본문 해석의 걸림돌입니다. 그러나 현재시제가 가장 큰 걸림돌입니다. 그 증거로, 바울이 7-13절에서도 1인칭 단수를 썼지만 전혀 문제가 되지 않았습니다. 마찬가지로 본문에서도 1인칭 단수가 문제가 아닙니다. 단지 일관성 있게 계속 자신을 예로 든 것일 뿐이기 때문입니다.

문제는, 14절부터 바울이 사용한 현재시제입니다. 이것 때문에 본문이 난해구가 되고 미궁에 빠졌습니다. 그러므로 참으로 현재시제가 본문 해석의 최대 걸림돌입니다.

여러분도 아시다시피, 어거스틴의 계승자들은 현재시제에 근거해서 본문이 바울의 현재 상태이고 구원받은 신자의 상태라고 주장합니다. 그 결과, 구원파적인 왜곡된 구원론이 개신교 곳곳에 암세포처럼 퍼져나갔습니다. 그러나 몇 가지만 생각해 보아도 가능성이 제로라는 것을 알 수가 있습니다.

첫째로, 만일 바울이 율법주의자라면 본문이 바울의 현재 상태일 수 있습니다. 그러나 바울은 7장 6절과 8장 4절에서 영의 새로운 것으로 섬겨야 하며 성령을 따라 행해야 한다고 힘주어 가르쳤습니다. 또, 예수님께서 행하며 가르치는 자가 천국에서 큰 자라고 하셨는데(마 5:19), 의심할 여지 없이 바울은 행하며 가르치는 자입니다(고전 11:1). 그러므로 본문은 결코 바울의 현재 상태, 즉 구원받은 신자의 상태가 아닙니다.

둘째로, 본문을 시작하는 14절에 이렇게 기록되어 있습니다.

> "우리가 율법은 신령한 줄 알거니와 **나는 육신에 속하여 죄 아래에 팔렸도다**."

그런데 바울의 현 상태로 보면 5-6절과 모순입니다.

> "**우리가 육신에 있을 때에는** 율법으로 말미암는 죄의 정욕이 우리 지체 중에 역사하여 우리로 사망을 위하여 열매를 맺게 하였더니 **이제는** 우리가 얽매였던 것에 대하여 죽었으므로 율법에서 벗어났으니 이러므로 우리가 영의 새로운 것으로 섬길 것이요 율법 조문의 묵은 것으로 아니할지니라."

바울도 과거에는 "육신에 있을 때"에 속해 있었습니다. 그러나 "이제는 우리가"라는 말에 나타나 있듯이, 지금은 육신에 있는 자가 아닙니다. 8장 8-9절도 이것을 뒷받침해 줍니다.

> "육신에 있는 자들은 하나님을 기쁘시게 할 수 없느니라. **만일 너희 속에 하나님의 영이 거하시면 너희가 육신에 있지 아니하**

고 영에 있나니 누구든지 그리스도의 영이 없으면 그리스도의 사람이 아니라."

왜냐하면 당연히 바울 안에 하나님의 영이 거하고 계셨기 때문입니다. 그러므로 본문은 바울의 현재 상태나 구원받은 신자의 상태가 아닙니다.

셋째로, 바울은 로마서 1장 18절에서 3장 19절까지 유대인을 포함한 전 인류의 죄를 지적했습니다. 3장 20절부터 5장까지는 칭의를 설명했고, 6장에서는 성화의 필요성을 다뤘습니다. 또, 7장 전체와 8장 전반부에서는 성화의 비결을 다뤘고, 8장 후반부는 고난을 포함해서 영화까지 설명했습니다. 이렇게 죄에서 영화까지 구원의 전체 과정을 다뤘습니다.

그런데, 로마서 6장 1-11절 전반부는 말씀대로 살아야 된다, 12-23절 후반부는 버림받지 않으려면 반드시 말씀대로 살아야 된다는 내용입니다. 그래서 자연스럽게 "그러면 어떻게 해야 죄를 이기고 말씀대로 살 수가 있느냐?"라는 질문이 생기고, 이에 대해 답한 것이 7장 전체와 8장 전반부입니다. 그런데 본문에서 "나는 도무지 죄를 이길 수 없고 말씀대로 살 수가 없다. 이것이 나의 현재 상태다!"라고 말했다면 이것이 말이 되나요? 그러므로 본문은 바울의 현재 상태나 구원받은 신자의 상태가 아닙니다.

넷째로, 본문은 율법하의 상태를 묘사한 것이고, 그렇게 살면 멸망한다고 5절과 7-25절 곳곳에 나타나 있습니다. 때문에 바울의 현재 상태로 볼 수가 없습니다. 왜냐하면 그렇게 보면 바울이 멸망받는 자가 되어버리기 때문입니다. 그러므로 본문은 결코 바울의 현재 상태나 구원받은 신자의 상태가 아닙니다.

그런데, 이것을 누구보다 잘 알고 있는 제가 해석이 뒤집힌 날, 본문을 바울의 현재 상태나 구원받은 신자의 상태로 본 것이 옳을 수도 있다는 가능성까지 열어놓고 연구했습니다. 왜 그랬을까요? 그것은 바로 바울이 사용한 현재시제 때문입니다.

과거에 우리나라에서는 이상근 박사님 외에는 대개 본문에 대해 저와 다른 견해를 가지고 있었습니다. 지금은 놀랍게도, 탁월한 신학자들 대부분이 저와 같은 견해를 갖고 있습니다. 그러나 대부분 본문의 현재시제에 대한 언급을 회피합니다. 심히 어렵기 때문입니다. 그런데 용감하게 현재시제를 건드린 분이 있습니다. 바로 로이드 존즈인데, 그는 이렇게 썼습니다.

"어떤 요점을 확증하는 데 있어서 일반적으로 받아들여지는 형식은 **'드라마틱한 현재'로 알려진 후회의 방식**을 채용하는 것입니다. 그것은 흔히 설교자들에 의해서 매우 자주 행해집니다. 저 자신도 이 방식을 자주 사용합니다. …[3]

시제의 변화가 본문을 오직 한 가지로만 해석할 수 있게 한다는 개념에 사로잡혀서는 안 됩니다."[4]

로이드 존즈뿐 아니라 현재시제를 사용한 것이 '과거의 체험을 생생하게 묘사하기 위해 역사적 사실을 현재시제로 표현하는 방식'(C. L. Mitton)이라고 주장하는 많은 학자들이 있습니다.[5] 그러나 이런 설명으로는 현재시제가 해결되지 않습니다. 그 이유를 토마스 슈라이너가 다음과 같이 잘 지적했습니다.

"현재시제가 생동감을 주고 있다는 주장(Kummel 1974: 110)은 가능하지만 설득력이 없다. 왜냐하면 7-13절에 과거시제가 나온다고 해서 이 단락에 나오는 이야기를 창백하고 생기 없는 것으로 만드는 것은 아니기 때문이다."[6]

---

3 D. M. 로이드 존즈 『로마서 강해 4권』 서문강 옮김. 서울: 기독교문서선교회, 1993. p. 235.

4 D. M. 로이드 존즈 『로마서 강해 4권』 서문강 옮김. 서울: 기독교문서선교회, 1993. p. 236.

5 이한수 『복음은 구원을 주시는 하나님의 능력』 서울: 이레서원, 2010. p. 715. 재인용.

6 토마스 슈라이너 『로마서』 배용덕 옮김. 서울: 부흥과개혁사, 2013. p. 462.

옳은 말이지요! 그래서 우리는 그 견해를 받아들일 수 없습니다.

또, 일부 학자들은 현재시제를 다른 방식으로 설명하려고 합니다. 전에, 찰스 피니는 본문을 율법하에서 죄를 깨닫기는 했으나 거듭나지 못한 사람의 경험으로 보면서 두 가지 가능성을 인정했습니다. 먼저 구원받았으나 타락한 신자의 경험에 적용될 수 있고,[7] 또한 타락한 것은 아니지만 죄에게 일시적으로 굴복하는 신자의 경험에도 적용할 수 있다고 했습니다.[8] 당연한 말이지요!

그런데 몇몇 학자들은 이와 같은 관점을 통해 현재시제를 설명하려고 합니다. 일례로, 홍인규 교수님은 현재시제와 관련하여 "그리스도인과 비그리스도인 유대인 사이에는 불연속성도 있지만 연속성도 있다."고 했습니다.[9] 또, 이한수 교수님은 보다 자세히 이렇게 설명했습니다.

> "시제 변동은 아마도 **회심 이전의 아담적 인류와 회심 이후의 신자의 상황 사이에 불연속성만 아니라 모종의 연속성이 존재한다**는 사실에서 파악되어야 할 것으로 보인다. **바울은**

7 찰스 G. 피니 『승리의 원리』 양낙홍 옮김. 서울: 크리스챤 다이제스트, 1991. p. 150.

8 찰스 G. 피니 『승리의 원리』 양낙홍 옮김. 서울: 크리스챤 다이제스트, 1991. p. 151.

9 홍인규 『로마서 어떻게 읽을 것인가』 서울: 성서유니온, 2013. p. 138.

> 14-25절의 현재시제들을 통해 일차적으로 율법 아래 있는 아담적 인류의 실존적 상황을 생생하게 그리고 있으면서도, 동시에 그것이 성령을 좇아 행하지 않는 신자의 상황 속에서도 부분적으로 경험되고 있음을 시사하는 것으로 보인다."[10]

또한, 이한수 교수님은 『언약신학에서 본 복음과 율법』이라는 책에서도 이 설명을 반복했습니다.

> "불신자와 신자의 삶 사이에는 '불연속적인'(discontinuous) 측면도 있지만 모두 다 타락한 첫째 아담의 후손들이라는 점에서 '연속적인'(continuous) 측면도 존재한다. 그렇다면 14-25절의 현재시제들은 일차적으로 율법 아래 있는 불신자들의 절망적 상황을 묘사하면서도 신자들도 성령을 따라 살지 않을 때 부분적으로 경험할 수 있는 '부정적 가능성'(negative possibility)을 시사할 가능성이 있다."[11]

그러나 이 설명도 현재시제에 대한 답으로는 턱없이 부족합니다. 왜냐하면 7-13절, 14-25절 두 단락이 완전히 독립적인 것이 아니기 때문입니다. 두 단락은 14절의 "왜냐하면"으

10 이한수 『복음은 구원을 주시는 하나님의 능력』 서울: 이레서원, 2010. p. 717.

11 이한수 『언약신학에서 본 복음과 율법』 서울: 생명의 말씀사, 2011. pp. 434-435.

로 연결되어 있습니다. 소주제는 달라도 율법의 무능력, 즉 율법으로는 죄를 이기고 순종할 수 없다는 것을 설명한 대주제가 같습니다. 그러므로 이 설명이 맞다면 14-25절뿐 아니라 7-25절을 모두 현재시제로 써야 합니다. 그러나 바울이 그렇게 하지 않았기 때문입니다.

무엇보다, 이 설명은 바울이 본문에서 현재시제를 왜 사용했는지 그 정확한 이유를 몰라서 만들어낸 궁여지책일 뿐입니다. 그러므로 바울이 사용한 현재시제에 대한 만족할 만한 설명이 아닙니다.

이상 설명해드린 것처럼, 제가 오래도록 지지해온 율법하에 있는 사람으로 보는 견해는 현재시제에 대한 시원한 답이 없습니다. 반면에, 구원받은 신자의 경험으로 보는 견해는 적어도 현재시제가 깔끔하게 해결됩니다. 이것이 제가 '그동안 줄기차게 반대한 그 견해가 옳은 것 아니냐?'라는 전향적인 생각까지 하게 된 이유입니다. 그러므로 참으로 본문을 이해하는 데 가장 큰 걸림돌은 바울이 사용한 현재시제입니다!

Romans

2

본문 해석의 실마리!

방금 설명해드린 대로, 본문 해석의 가장 큰 걸림돌은 현재시제입니다. 그런데 그날 새벽 2시경, 난생처음으로 현재시제에 대해 이런 생각이 들었습니다.

'우리가 7장 7-25절을 괜히 두 단락으로 나누고 별 의미가 없는 것을 너무 복잡하게 생각해 온 것은 아닌가?'

이것이 저에게 든 생각입니다. 로마서 7장 1-4절은 율법이 아니라 새 남편인 예수님께로 가서 하나님을 위해 열매를 맺어야 한다는 내용입니다. 또, 5-6절은 "우리가 육신에 있을 때에는" 율법 아래 있었고 율법으로 말미암는 정욕이 우리로 하여금 사망을 위해서 열매를 맺게 했었으나, 그러나 "이제는" 주님을 통해 율법에서 벗어났으므로 영의 새로운 것으로 섬기고 율법 조문의 묵은 것으로 섬기지 말아야 한다는 내용입니다.

그럼, 왜 영의 새로운 것으로 섬겨야 할까요? 바꾸어 말해서, 왜 우리가 율법 조문의 묵은 것으로 섬기면 안 되는 것일까요?

그것은 율법이 아니라 영의 새로운 것으로 섬겨야 죄를 이기고 순종함으로 율법의 요구를 이룰 수 있기 때문입니다(롬 8:1-4). 이 중, 먼저 바울은 율법 조문의 묵은 것으로 섬기면 죄를 이길 수 없다는 것을 설명하였습니다. 또, 자기를 예로 들어서 설명했는데, 그것이 단지 7-13절이 아니라 7절부터 25절까지입니다. 그래서 '현대 학자들의 복잡한 설명이 아니라 내가 신학생 때 읽은 찰스 피니의 단순한 설명이 더 옳은 것 아닌가?'라는 생각이 들었습니다. 제가 신학생 때 읽은 『승리의 원리』라는 책에서 찰스 피니는 이렇게 말했습니다.

> "어떤 사람의 말을 해석할 때 우리는 항상 그가 말하고 있는 요점을 염두에 두어야 합니다.
>
> 우리는 그의 논증의 범위와 그가 고려하고 있는 목적과 그가 말하고 있는 요점을 이해해야 합니다. 그렇지 않으면 우리는 그의 말을 이해할 수 없습니다. … 여러분이 어떤 사람의 말의 요점을 이해할 때 여러분은 그가 그 요점에 대해 말하고

있는 것으로 이해해야만 하며 그의 목적과 무관하거나 그것과 일관성이 없는 의미를 그의 말에 부여해서는 안 됩니다. 이 규칙을 간과하면 모든 말이 뒤죽박죽이 될 수 있습니다. 여러분은 항상, 어떤 말이 적용되고 있는 주제의 빛 속에서 그 말을 해석해야 합니다. …

사도는 온전히 죄의 주관하에 있는 사람의 습관적 특성을 묘사하고 있다는 것을 기억하십시오. 그리스도인의 경험을 제시하는 것은 전혀 그의 의도가 아니었습니다. 그는 율법의 정당성을 변호하고 있었으며 그래서 율법하에 있는 사람의 경우를 취하는 것이 필요했던 것입니다. 만일 그가 그리스도인의 경험을 묘사하고 있었다면 그는 자기 자신에게 반대되는 논증을 하고 있었던 셈이 됩니다.

왜냐하면 만일 그것이 그리스도인의 경험이라면 그것은 율법이 정욕을 굴복시키고 사람을 성화시키는 데 효과가 없다는 것뿐 아니라 복음 또한 효과가 없다는 것을 증명할 것이기 때문입니다. 그리스도인들은 은혜하에 있으며, 율법의 정당성을 변호하는 데 있어서 율법하에 있지 않고 은혜하에 있는 사람들의 경험을 제시하는 것은 무의미한 것입니다."[12]

---

12 찰스 피니 『승리의 원리』 양낙홍 옮김. 서울: 크리스찬 다이제스트, 1991. pp. 148-158.

이처럼 피니는 7-25절을 두 단락으로 나누지 않고 그 전체가 율법의 무능력을 설명하기 위해서 바울이 율법하에 있는 사람을 예로 든 것으로 보았습니다. 이렇게 단락을 나누지 않고 하나로 보면 거짓 해석이 단번에 분별되어 날아가고 참 해석을 위한 든든한 기초가 놓여집니다.

그런데 학자들은 유난히 단락 나누기를 좋아합니다. 또, 로이드 존즈를 비롯해서 대부분의 강해설교자들이 그러합니다. 단락에 대한 설명을 지나칠 정도로 많이 합니다. 그래서인지 몰라도 현대 학자들은 피니와 달리 7-25절을 두 단락으로 나눴습니다.

하지만, 14절이 "왜냐하면"으로 시작합니다. 저는 그래서 얼마 전부터 '14절에 **왜냐하면**이 있는데 왜 단락을 나누지? 적어도 문장이 끝난 후 단락을 나눠야 하는 것 아닌가?'라는 생각이 들었고 의심스러웠습니다. 또, 14절 전후의 내용에 큰 차이가 없습니다. 소주제의 차이는 있지만 대주제는 같습니다. 먼저, 7-13절의 소주제는 율법의 계명은 정욕을 일으키고 오히려 더 죄를 짓게 만든다. 그런데 어떻게 율법을 통해 말씀대로 살 수 있느냐? 입니다. 그러므로 율법은 무능력하고, 율법으로는 죄를 이기고 말씀대로 살 수 없다는 내용입니다. 다음으로, 14-25절의 소주제는 우리가 율법을 알고 계명대로 살기 원해도 육체 때문에 원하는 바 선을 행할 수가 없고 원치 않는 악을 행할 수밖에 없다는 내용입니다. 그러므로 죄의 노예로 살다가 멸망할 수밖에 없다는 내용입니다. 이처럼 7-13절과 14-25절의 소주제는 약간의 차이가 있습니다. 그러나 대주제가 같습니다. 둘 다 '그러므로 율법으로는 죄를 이기고 순종할 수 없다! 따라서 율법 조문의 묵은 것이 아니라 영의 새로운 것으로 섬겨야 한다!'는 것을 설명한 것이기 때문입니다. 그러므로 둘 사이에 확실한 구분이 없습니다. 차로로 따지면 실선이 아니라 점선입니다. 그래서 저는 14절부터 반드시 두 단락으로 나눌 필요가 있나? 상당히 의심스러웠습니다.

그런데도 우리는 주제가 아니라 시제에 주목했고, 당연하다는 듯이 두 단락으로 나눴습니다. 그 뒤, 앞 단락은 과거시제, 뒤 단락은 현재시제이므로 큰 차이가 있고 서로 다른 내용인 것처럼 호들갑을 떨었습니다. 그러면서 시선을 현재시제에 고정시켰고, 그 결과 현재시제에 의해서 교란을 당했습니다. 이것이 본문 해석의 길에 놓여있는 함정입니다.

이쯤에서, 저는 여러분에게 큰 그림을 보여주고 싶습니다. 제가 보여주고 싶은 큰 그림은, 단지 7장 7-13절이 아니라 7-25절까지가 율법으로는 죄를 이기고 말씀대로 살 수 없다는 것을 바울이 자기 과거의 경험을 통해서 설명한 것이라는 것입니다. 이것을 깨닫는 것은 지극히 중요합니다. 왜냐하면 바울이 과거시제를 썼든 현재시제를 썼든 시제와 상관없이 두 단락 모두 무조건 바울의 과거의 상태라는 것을 보여주기 때문입니다. 일례로, 토마스 슈라이너가 본문이 구원받기 전의 상태라는 견해의 근거들을 소개하면서 뭐라고 했습니까?

> "두 번째 구조적 논증은 13절과 14절 사이의 연관성과 관계있다. 13절은 율법이 아니라 죄가 사람의 사망에 책임이 있다는 것을 주장한다. 14절을 소개하는 '가르'는 율법이 아니라 죄가 어떻게 인간의 죽음에 책임이 있는가를 설명하는 이유로서 기능한다(Kummel 1974: 58, Gundry 1980: 236). 이제 만일 14-25절이 13절에 대한 설명을 제공하고 또한 13절이 비중생자를 가리킨다면(이 구절이 사망과 율법 경험을 연결시키기 때문이다.), 14-25절은 당연히 불신자들을 가리킨다. 그리스도인의 경험이라고 주장하는 자들은 13절과 14절 사이에 있는 긴밀한 관계를 해치고 있다. 뿐만 아니라, 그 전에 논의의 주제가 율법이라고 할 때 바울이 비그리스도인의 경험으로부터 중생자의 경험으로 변경시켰다는 것은 가능성이 없다." [13]

---

13 토마스 슈라이너 『로마서』 배용덕 옮김. 서울: 부흥과개혁사, 2013. p. 468.

옳은 지적입니다. 그러므로 다시 말하지만 본문은 무조건 바울의 과거의 경험을 기록한 것이고 절대로 구원받은 신자의 상태가 아닙니다.

지금까지 저는 7-13절이 아니라 25절까지 모두 바울이 율법하에서의 자신의 경험을 예로 든 것이라는 사실을 7장 1-6절의 문맥과 14절의 "왜냐하면", 그리고 두 단락의 대주제를 통해서 증명했습니다. 그런데 이처럼 7장의 앞부분과 본문의 첫 구절을 비롯한 자체의 내용뿐 아니라 그 뒤를 보아도 똑같은 결론에 도달하게 됩니다.

그것은, 8장 1절의 "이제"라는 단어 때문입니다! 아시다시피, 7장 6절에도 "이제는"이 나옵니다. 그 구절에서 "이제는"은 5절의 "육신에 있을 때"와 반대됩니다. "육신에 있을 때"는 예수 믿기 전이고, "이제는"은 예수 믿은 후입니다. 그런데 8장 1절에 다시 "이제"가 나옵니다. 이것은 간접적으로는 7장 6절의 "이제는"을 받고, 직접적으로는 7장 25절의 "우리 주 예수 그리스도로 말미암아 감사하리로다"라는 감사를 받습니다.

여러분, 이것이 무엇을 뜻하는지 아십니까? 바로 7장 7-25절 전체가 예수 믿기 전이고, 8장은 믿은 후라는 것입니다. 참으로 결정적이지요! 때문에 어거스틴의 계승자들이 아무리 우기고 그럴듯한 궤변을 늘어놓아도 본문은 절대로 바울의 현재 상태가 아니라 구원받기 전 율법 아래 있을 때의 상태입니다. 그러므로 본문을 연구하면서 절대로 이 큰 틀, 즉 이 경계선을 넘지 않도록 조심해야 합니다.

한편, 이것은 본문 해석에 있어 칠흑 같은 어두움 속에 있었던 저에게 비로소 보이기 시작한 한 줄기 희망의 빛이었습니다. 또한, 저에게 본문을 정확하게 이해하고 해석할 수 있는 든든한 토대와 실마리가 되어주었습니다. 할렐루야!

Romans

3

본문에 대한 경이로운 해석!

위 설명을 통해 단지 7-13절이 아니라 14-25절까지 모두 바울의 과거의 상태라는 것이 명백해졌습니다.

로마서 7장 전반부를 보아도 본문이 과거입니다. 왜냐하면 필요한 것이 그리스도인이 아니라 율법 아래 있는 사람에 대한 예증이기 때문입니다. 본문을 보아도 마찬가지입니다. 왜냐하면 본문은 율법으로는 죄를 이길 수 없다는 것을 설명한 것이고, 바울은 영의 새로운 것으로 섬기고 있고 율법으로 섬기는 사람이 아니기 때문입니다. 또, 8장 전반부를 보아도 마찬가지입니다. 그 구절의 "이제"라는 단어와 반대되는 상태이기 때문에 본문을 바울의 현재 상태로 볼 수가 없습니다. 그러므로 아무리 현재시제를 썼어도 본문은 바울의 과거의 상태일 수밖에 없습니다.

그럼 둘 다 과거의 경험인데, 왜 7-13절은 과거시제를 사용하고 14-25절에서는 현재시제를 사용했을까요? 이에 대한 속 시원한 사이다 설명을 통해 여러분의 답답한 가슴을 뻥 뚫어드리겠습니다.

먼저, 저는 그날 과거시제를 썼든 현재시제를 썼든 둘 다 바울의 과거의 상태라는 것을 캐치했고, 그것이 실마리라고 했습니다. 왜냐하면 그때 이런 생각이 들었기 때문입니다.

'분명히, 7-25절까지 다 바울의 과거의 경험이야. 그런데 왜 7-13절에서는 과거시제를 쓰고, 14-25절에서는 현재시제를 썼을까? 바울이 그렇게 한 데는 분명히 뭔가 이유가 있을 거야! 그 이유가 무엇인지 알아보아야 되겠다. 어쩌면, 7-25절을 다시 자세히 읽어보면 그곳에 그 이유가 나타나 있을지도 몰라.'

그래서 그것을 확인하기 위해 로마서 7장 7절부터 본문을 다시 읽었습니다. 그리고 깜짝 놀랐습니다. 왜냐하면 실제로 그 이유가 나타나 있었고 그것이 선명하게 보였기 때문입니다. 할렐루야!

지금부터, 하나님의 은혜로 그날 새벽에 제가 보게 된 것을 여러분에게 설명해 드리겠습니다.

(1) 바울이 7-13절에서 과거시제를 사용한 이유는 단지 과거라서가 아니다!

많은 이들이 바울이 과거시제를 사용한 이유가 과거이기 때문이라고 생각합니다. 맞습니다. 그러나 단지 과거라서 과거시제를 사용한 것이 아닙니다. 또 다른 이유가 있습니다. 그것이 무엇인지 한 절 한 절 읽어가며 설명해 드리겠습니다.

- 로마서 7:7 **"그런즉 우리가 무슨 말을 하리요. 율법이 죄냐? 그럴 수 없느니라. 율법으로 말미암지 않고는 내가 죄를 알지 못하였으니 곧 율법이 탐내지 말라 하지 아니하였더라면 내가 탐심을 알지 못하였으리라."**

바울은 7-13절에서 과거시제를 사용했습니다. 이것은 매우 적절한 것입니다. "율법이 죄냐?"라는 황당한 질문이 왜 나왔습니까? 5절의 "율법으로 말미암는 죄의 정욕"이라는 표현 때문에 나왔습니다. 그때는 "육신에 있을 때", 즉 구원받기 전입니다. 그러므로 과거이므로 그때의 경험을 설명하면서 과거시제를 사용한 것이 당연하지요!

그러나 바울은 7-13절에서 단지 구원받기 전인 과거라서 과거시제를 사용한 것이 아닙니다. 만약 그것이 이유의 전부였다면 14-25절도 구원받기 전이기 때문에 과거시제를 사용했어야 합니다. 그러나 현재시제를 사용했습니다.

그럼 바울이 과거시제를 사용한 또 다른 이유가 무엇일까요?

그것은 바로 "율법으로 말미암지 않고는 내가 죄를 알지 못하였으니 곧 율법이 탐내지 말라 하지 아니하였더라면 내가 탐심을 알지 못하였으리라."에 나타나 있습니다. 여기서 바울은 십계명의 탐내지 말라는 계명을 통해 탐심이 죄라는 것을 깨달았다고 썼습니다. 그런데 계명을 통해 탐심이 죄임을 깨달은 것에는 최초의 시점이 있습니다. 그 후로도 계속 계명을 통해 탐심이 죄라는 것을 반복해서 깨닫는 것이 아닙니다. 그래서 깨달은 최초의 시점을 기준으로 과거가 되기 때문에 그것을 말하면서 과거시제를 사용한 것이 당연한 것입니다.

또한, 율법을 통해 죄를 깨닫는 것은 율법하에서도 초기에 발생합니다. 이것은 단지 과거가 아니라 과거 속에서도 과거입니다. 이것이 바울이 이 구절에서 과거시제를 사용한 이유입니다.

그런데 바울은 7절뿐 아니라 13절까지 과거시제를 사용했습니다. 그래서 저는 그 뒤의 구절들도 이와 같은지 주의 깊게 살펴보았습니다.

- 로마서 7:8 **"그러나 죄가 기회를 타서 계명으로 말미암아 내 속에서 온갖 탐심을 이루었나니 이는 율법이 없으면 죄가 죽은 것임이라."**

바울은 죄가 기회를 타서 계명으로 말미암아 내 속에서 온갖 탐심을 이루었다고 말합니다. 계명을 통해 탐심이 죄라는 것을 깨달았으면 탐심을 버려야 하는데 오히려 탐심이 생겨났다는 것입니다. 금지한 것은 더 하고 싶은 것처럼 계명을 통해 도리어 온갖 탐심이 일어났습니다.

그런데, 이것도 계명을 통해 탐심이 죄라는 것을 깨달은 초기에 일어난 일입니다. 물론 그 뒤에도 이런 일이 일어날 수 있습니다. 그러나 이 구절에서는 초기의 경험에 초점이 맞춰져 있습니다. 그 시기는 이미 말한 것처럼 과거 중의 과거입니다. 그래서 바울이 과거시제를 사용한 것입니다.

- 로마서 7:9 **"전에 율법을 깨닫지 못했을 때에는 내가 살았더니 계명이 이르매 죄는 살아나고 나는 죽었도다."**

이 구절에 나오는 "계명이 이르매"는 "전에"보다는 나중이지만 7절에서 설명한 것처럼 과거 중에서 특정할 수 있는 한 시기입니다. 그런데 "전에"는 율법을 깨닫지 못했을 때입니다. 그러므로 "계명이 이르매"는 율법 아래 있을 때의 초기, 즉 과거 중의 과거입니다.

또, "전에 율법을 깨닫지 못했을 때에는 내가 살았더니 계명이 이르매 죄는 살아나고 나는 죽었도다"라는 말씀은 율법을 깨닫기 전과 후의 차이를 보여줍니다. 그런데, 이 구절에서 율법을 깨닫는 것에 대해 말했기 때문에, 7절처럼 계명을 통해 탐심이 죄라는 것을 깨달은 그 시기에 대해 말하고 있음이 분명합니다. 그러므로 율법 아래서의 초기의 경험입니다. 또한, 이것은 8절이 두 구절 사이에 있으므로 그 시기와 관계가 있다는 저의 설명을 뒷받침해 줍니다.

이처럼, 이것도 단순히 과거가 아니라 과거 중의 과거입니다. 그래서 바울이 본문과 달리 과거시제를 사용한 것입니다.

- 로마서 7:10 **"생명에 이르게 할 그 계명이 내게 대하여 도리어 사망에 이르게 하는 것이 되었도다."**

이 구절도 앞에서 말한 그 시기에 대해 말한 것임이 분명합니다. 왜냐하면 율법을 통해 탐심이 죄라는 것을 깨달은 결과 탐심이 생겨났고 그 결과 사망에 이르게 되었다고 말한 것이고, 모두 같은 시기에 일어난 일이기 때문입니다.

- 로마서 7:11 **"죄가 기회를 타서 계명으로 말미암아 나를 속이고 그것으로 나를 죽였는지라."**

역시 같은 시기에 일어난 같은 일에 대해서 쓰고 있습니다.

- 로마서 7:12 **"이로 보건대 율법은 거룩하고 계명도 거룩하고 의로우며 선하도다."**

이처럼 같은 시기에 일어난 일을 쭉 설명한 후, "이로 보건대" 하고 결론을 내렸습니다. 7-11절에 나타나 있는 대로, 바울은 율법의 계명을 통해 탐심이 죄라는 것을 깨달았고, 그것 때문에 도리어 탐심이 일어나고 범죄하여 죽게 되었습니다. 그러나 그것은 율법의 책임이 아닙니다. 죄가 계명까지 이용해서 탐심을 일으키고 죄짓고 죽게 만든 것이므로 죄의 책임입니다. 그래서 바울은 "율법은 거룩하고 계명도 거룩하고 의로우며 선하도다"라고 결론 내렸습니다.

그런데, 이 구절 역시 제가 과거의 과거라고 말한 것과 같은 시기를 근거로 삼았습니다. 시기에 변화가 없습니다. 그래서 바울이 과거시제를 사용한 것입니다.

- 로마서 7:13 **"그런즉 선한 것이 내게 사망이 되었느냐? 그럴**

수 없느니라. 오직 죄가 죄로 드러나기 위하여 선한 그것으로 말미암아 나를 죽게 만들었으니 이는 계명으로 말미암아 죄로 심히 죄 되게 하려 함이라."

이 구절에서 바울은 "그런즉 선한 것이 내게 사망이 되었느냐?"고 질문하고 "그럴 수 없느니라."라고 강하게 부정했습니다. 그리고 앞에서 한 설명들을 근거로 율법이 죄나 우리를 죽게 만든 주범이 아니라, 죄가 계명까지 이용해서 탐심을 일으키고 죄짓게 하고 죽게 만들었다고 말합니다. 그러므로 죄가 얼마나 지독한 것인지, 즉 죄가 얼마나 죄 된 것인지를 보여주는 것일 뿐이라고 주장했습니다.

그런데, 7-12절까지는 단지 과거가 아니라 과거 중의 과거이고, 13절은 그것에 근거해서 "그런즉 선한 것이 내게 사망이 되었느냐?"라고 반문한 것입니다. 시기에 아무 변화가 없습니다. 그러므로 계속 계명을 통해 죄를 깨달은 시기를 기준으로 한 초기의 경험에 대해 말한 것임이 틀림없습니다.

바울은 정확히 여기까지 과거시제를 사용했습니다. 왜 그랬을까요? 이유는 간단합니다. 이미 설명해드린 대로, 단순히 과거가 아니라 과거 중의 과거를 설명한 것이기 때문입니다. 이것이 바울이 과거시제를 사용한 이유입니다. 또, 이것이 그 뒤부터 사용한 현재시제를 이해할 수 있는 중요한 단서입니다.

(2) 바울이 14-25절에서 현재시제를 사용한 이유는 절대 과거가 아니라서가 아니다!

많은 이들이 바울이 현재시제를 사용한 이유가 과거가 아니기 때문이라고 생각합니다. 그러나 과거가 아니라서 현재시제를 사용한 것이 아닙니다. 분명히 본문은 바울의 과거의 경험입니다.

그러면 과거인데 왜 현재시제를 사용했을까요? 그 시원한 이유를 한 절 한 절 읽어가면서 설명해 드리겠습니다.

- 로마서 7:14 **"우리가 율법은 신령한 줄 알거니와 나는 육신에 속하여 죄 아래에 팔렸도다."**

이 구절이 무슨 뜻입니까? 나도 율법이 죄가 아니라는 것을 인정한다. 그러나 그러면 뭐하나? 율법이 죄가 아니니 율법을 통해 죄를 이기고 말씀대로 살 수 있는가? 아니다, 절대로 불가능하다! 라는 뜻입니다. 14절부터 25절까지 모두 이런 내용입니다.

"나는 육신에 속하여 죄 아래에 팔렸도다", "원하는 바 선을 행치 아니하고 원치 아니하는 바 악을 행하는도다", "행하는 것이 내가 아니고 내 속에 있는 죄다", "내 지체 속에서

한 다른 법이 내 마음의 법과 싸워 내 지체 속에 있는 죄의 법으로 나를 사로잡는 것을 보는도다", "오호라 나는 곤고한 사람이로다. 이 사망의 몸에서 누가 나를 건져내랴!", "마음으로는 하나님의 법을 육신으로는 죄의 법을 섬기노라."

보십시오! 정말로 계속 그런 내용이지요! 이처럼 7-13절에 이어 계속 율법의 무능력을 설명하고 있습니다. 내용에 큰 차이가 없습니다.

그런데 왜 현재시제를 사용했을까요? 즉, 본문도 과거인데 왜 현재시제를 사용한 것일까요?

그 이유는 이것이 율법 아래 있을 때지만 과거의 과거가 아니라 과거의 현재진행형, 즉 과거 속의 현재이기 때문입니다. 이것은 7-13절에서 설명한 것처럼 과거의 과거로 돌릴 수 있는 경험이 아니라 과거 속의 현재입니다. 즉, 바울은 율법 아래 있을 때 계속 이런 상태였습니다. 계속 죄를 이길 수 없었고, 계속 원치 않는 악을 행하고, 계속 자기가 아니라 죄가 지배하고, 계속 "오호라 나는 곤고한 사람이로다"라고 절규할 수밖에 없는 상태였습니다. 이처럼 둘 다 과거의 경험이지만, 7-13절은 과거의 과거이고, 14-25절은 과거 속의 현재적인 상태입니다. 그래서 바울이 본문에서 현재시제를 사용한 것입니다.

한 번 더 설명해 드리겠습니다. 7-13절은 단순히 과거가 아니라 과거 속의 과거입니다. 왜냐하면 과거 중 지나간 한 시기, 즉 율법을 통해 죄를 깨닫고 탐심이 일어나 범죄하고 그 결과 죽게 된 율법 아래서의 초기의 경험에 초점을 맞추었기 때문입니다. 그러나 14-25절은 전체 과거 중 지나간 과거가 아니라 현재 진행 중인 과거 속의 현재적인 상태입니다. 예수님을 믿고 성령에 의해 죄와 사망의 법에서 해방되기 전까지 계속될 수밖에 없는 율법하에서의 지속적인 상태를 설명한 것입니다. 그래서 바울이 과거의 과거와 구분해서 현재시제를 사용한 것입니다.

- 로마서 7:15 **"내가 행하는 것을 내가 알지 못하노니 곧 내가 원하는 것은 행하지 아니하고 도리어 미워하는 것을 행함이라."**

바울은 이제 율법을 통해 죄를 깨달았기 때문에 탐심이 일어난 것에 대해 말하지 않습니다. 그것을 통해 이미 율법이 의롭고 선하고 거룩하다는 것을 증명했고 목적을 달성했습니다. 더 이상 말할 필요가 없습니다.

그래서 그것이 아니라, 자신이 율법 아래 있었을 때 율법을 즐거워하고 지키고 싶었지만 불가능했음을 말하고 있습니다. 율법을 배우고 지키고 싶었고 노력했으나 원하는 대로 살 수 없었고 원치 않는 삶을 살 수밖에 없었다고 실토했습니다.

그런데, 이것은 율법을 통해 죄를 깨달은 초기가 아니라 그 후 계속되는 율법하에서의 현재적인 상태입니다. 그래서 바울이 7-13절과 달리 현재시제를 사용한 것입니다.

- 로마서 7:16 **"만일 내가 원하지 아니하는 그것을 행하면 내가 이로써 율법이 선한 것을 시인하노니"**

바울이 원하지 않은 것은 그것이 악이기 때문입니다. 그러므로 그것을 금한 율법이 선한 것이라고 시인합니다. 그런데 원하지 않는 악을 계속 행하는 것 역시, 율법하에서의 지속적이고 현재적인 상태입니다. 그래서 현재시제를 사용한 것입니다.

- 로마서 7:17 **"이제는 그것을 행하는 자가 내가 아니요 내 속에 거하는 죄니라."**

앞에서도 말한 것처럼, 바울은 이 구절에서 7-13절에서와 달리 율법으로 말미암는 탐심 때문에 죄를 짓는다고 하지 않습니다. 이제는 원하지 않는 악을 행하는 자가 내가 아니요 내 속에 있는 죄라고 말합니다. 한마디로, 율법이 아니라 죄 때문이라고 했습니다.

그런데, 이와 같은 죄의 속박은 율법 아래서의 지속적이고 현재적인 상태입니다. 바울은 지금 그것을 설명하고 있습니다. 그래서 7-13절과 달리 현재시제를 사용한 것입니다.

- 로마서 7:18 **"내 속 곧 내 육신에 선한 것이 거하지 아니하는 줄을 아노니 원함은 내게 있으나 선을 행하는 것은 없노라."**

그러면 왜 율법하에서는 죄가 계속 우리를 지배할까요? 왜 죄를 이길 수가 없을까요?

그것은 내 속, 내 육신에 선한 것이 거하지 않기 때문입니다. 즉, 육신 때문입니다. 그것이 8장 3절에도 나타나 있습니다.

"율법이 **육신으로 말미암아 연약하여 할 수 없는 그것을**"

그러나 하나님은 하실 수 있습니다. 하나님은 믿는 자들에게 성령을 주심으로써 그 일을 하십니다. 그러므로 믿기 전, 율법 아래 있을 때는 아무리 율법을 배우고 지키기 원해도 육신 때문에 죄를 이기고 순종할 수 없습니다. 이것이 율법 아래 있을 때 지속되는 현재적인 상태입니다. 또한, 이것이 바울이 현재시제를 사용한 이유입니다.

- 로마서 7:19-20 **"내가 원하는 바 선은 행하지 아니하고 도리**

어 원하지 아니하는 바 악을 행하는도다. 만일 내가 원하지 아니하는 그것을 하면 이를 행하는 자는 내가 아니요 내 속에 거하는 죄니라."

이 구절들은 15-17절과 중복되는 내용이므로 설명을 생략하겠습니다.

- 로마서 7:21-24 **"그러므로 내가 한 법을 깨달았노니 곧 선을 행하기 원하는 나에게 악이 함께 있는 것이로다. 내 속사람으로는 하나님의 법을 즐거워하되 내 지체 속에서 한 다른 법이 내 마음의 법과 싸워 내 지체 속에 있는 죄의 법으로 나를 사로잡는 것을 보는도다. 오호라 나는 곤고한 사람이로다 이 사망의 몸에서 누가 나를 건져내랴?"**

긴 설명이 필요 없습니다. 바울은 율법 아래 있었을 때, 하나님의 법을 즐거워했고 선을 행하기 원했습니다. 그러나 육신 속에서 역사하는 죄의 법 때문에 실패를 거듭했습니다. 그래서 "오호라 나는 곤고한 사람이로다. 이 사망의 몸에서 누가 나를 건져내랴?"라고 울부짖었습니다. 이것은 결코 끝나지 않는 율법 아래 있을 때의 현재적인 상태입니다. 그래서 바울이 그것을 설명하면서 현재시제를 사용한 것입니다.

- 로마서 7:25 **"우리 주 예수 그리스도로 말미암아 하나님께 감사하리로다. 그런즉 내 자신이 마음으로는 하나님의 법을 육신으로는 죄의 법을 섬기노라."**

바울은 7-13절에서 율법 아래서의 초기의 경험, 즉 과거의 과거를 설명했고, 14-25절에서는 과거의 지속적인 상태, 즉 과거의 현재적인 상태를 설명했습니다. 이것이 바울이 현재 시제를 사용한 이유라는 것이 제 설명의 골자입니다.

그런데 이것이 옳다는 증거가 무엇일까요? 그것은 지금까지 설명해드린 7-24절 전체입니다. 또, 마지막 25절 하반절도 이것을 뒷받침해 줍니다.

"그런즉 내 자신이 마음으로는 하나님의 법을 육신으로는 죄의 법을 섬기노라."

이것은 14-24절을 요약한 것입니다. 그런데 그 내용이 무엇입니까? 율법으로는 죄를 이기고 순종할 수 없다는 것입니다. 그런데 25절 하반절에서 바울은 이것이 율법 아래 있을 때의 바뀔 수 없는 현재적인 상태라고 쐐기를 박았습니다. 그러므로 25절 하반절도 제 견해가 옳다는 것을 어느 정도 뒷받침해 줍니다.

제가 본문 해석의 실마리를 설명할 때 뭐라고 말했습니까? 7-13절뿐 아니라 25절까지 전체가 과거시제를 썼든 현재시제를 썼든 무조건 과거다! 라고 단언했지요! 그 후, 저는 7-13절을 설명하고, 그다음 14-25절을 설명했습니다. 그런데 다 들어보시니 어떻습니까? 실제로, 둘 다 바울의 과거의 경험임이 틀림없지요! 그러므로 누가 무슨 말을 하든 바울이 본문에서 현재시제를 사용한 것은 절대로 바울의 현재 상태여서가 아니라는 것을 여러분 모두 절대로 놓치지 마시기 바랍니다.

한편, 헬라어 문법을 잘 아는 분들은 이런 질문을 할 수 있습니다.

"그러면 과거의 현재진행이라도 그것을 미완료과거로 표현할 수 있는데 왜 굳이 현재시제를 사용했는가?"

그것은 본문이 바울의 경험이지만 단순히 바울의 경험이 아니기 때문입니다. 바울은 율법 아래 있는 자들의 전형으로 그들을 대표합니다. 자신의 과거의 경험을 통해 율법 아래 있는 사람들의 상태를 보여주고 있습니다. 그런데 그것이 바울에게는 과거지만, 율법 아래 있는 유대인들에게는 현재의 상태입니다. 이처럼 본문이 그의 과거의 현재 진행형이었을 뿐 아니라, 그가 대표하는 율법 아래 있는 자들의 현재 상태입니다. 그래서 미완료과거가 아니라 현재시제를 사용한 것입니다.

이것은 제가 본문에 대한 새 해석을 하기 2년 전에 완성해놓은 해석의 핵심입니다. 그런데 새 해석에 추가하면 여러분이 더 잘 이해하고 소화하실 수 있을 것 같아 이곳에 첨가했습니다.

그런데, 이에 대해 이런 의문이 들 수 있습니다.

'바울이 말하고 있는 대상이 율법 아래 있는 사람이라면, 본문이 그들의 현재 상태이므로 그들을 깨우치고 돌이키기 위해서 현재시제를 사용했다고 할 수 있다. 그러나 바울이 말하고 있는 대상은 로마교회의 성도들이 아닌가?

물론 로마교회에 이방인뿐 아니라 유대인 신자들이 있었다는 것이 로마서 후반에도 나타나 있다. 하지만, 그들도 신자들이기 때문에 율법 아래 있는 자들이 아니지 않은가? 그런데도 그들을 위해서 현재시제를 사용했다고 할 수가 있는가?'

맞습니다. 바울은 로마교회 신자들을 상대로 말하고 있습니다. 그렇더라도 그들에게 율법 아래 있는 사람들의 상태를 통해서 주의 내지는 교훈을 주고 있습니다.

전에 바울은 갈라디아교회 성도들에게 "너희가 이같이 어리석으냐? 성령으로 시작하였다가 이제는 육체로 마치겠느냐?"(갈 3:3)라고 책망한 적이 있습니다. 그때는 그들이 율법

주의로 회귀할 위험이 있었기 때문에 강한 어조로 경고했습니다. 그러나 지금은 그 정도는 아니어도 잠재적인 위험이 있기 때문에 율법 조문의 묵은 것으로 섬기면 안 된다고 교훈하고 있습니다. 그러면서 "내가 과거에 율법 아래 있을 때 이런 상태였고, 지금도 여전히 율법 아래 있는 유대인들이 이런 상태가 아니냐? 그러므로 7장 6절에서 말한 것처럼 율법 조문의 묵은 것으로 섬기지 말고 영의 새로운 것으로 섬겨야 된다."고 가르치고 있습니다. 이 점을 생각하면, 바울이 사용한 현재시제가 조금도 이상할 것이 없습니다.

(3) 설교하기 이틀 전, 갑자기 떠오른 충격적인 반론!

본문에 대한 저의 해석이 뒤집히고 새 해석이 완성된 주간에, 저는 서둘러 새 해석에 대한 설교를 준비하고 있었습니다. 그런데, 갑자기 반론이 하나 떠올랐습니다. 그것 때문에 이미 놀란 가슴에 얼마나 놀랐는지 모릅니다. 그 내용은 이러합니다.

저는 바울이 7-13절에서 말한, 율법을 통해 죄를 깨닫고 계명으로 말미암아 탐심이 일어나 범죄하게 된 것이 율법 아래서의 초기에 일어난 일이라고 했습니다. 그러나 율법으로 말미암는 정욕이 초기에만 일어나나요? 중기나 후기에는 안 일어나나요? 일어날 수 있습니다. 그러므로 해석이 틀린 것 아니냐? 라는 반론이 있을 수 있습니다.

물론 이런 일이 죄에게 종노릇하는 것처럼 항상 일어나지는 않습니다. 왜냐하면 율법 아래 있는 자들이 짓는 죄들이 모두 율법으로 말미암은 정욕 때문에 짓는 것은 아니기 때문입니다. 속에서 욕심이 올라오거나, 유혹이 심하거나, 여러 가지 요인들이 있을 수 있습니다. 그러므로 14-25절처럼 죄의 종노릇하는 것은 '항상'이지만, 율법 때문에 죄를 짓는 것은 '항상'이 아닙니다. 그러나 아무리 '간헐적'이라고 해도 초기라는 설정이 깨지기 때문에 치명적입니다.

더 결정적인 것은, 5절에 의하면 "육신에 있을 때"는 예수 믿기 전이고, 6절의 "이제는"이 뜻하는 예수 믿을 때의 반대입니다. 그런데 "율법으로 말미암는 죄의 정욕이 우리 지체 중에 역사하여 우리로 사망을 위하여 열매를 맺게 하였다"고 했습니다. 그래서 이 일이 율법 아래서의 전 시기에 일어나는 것이 됩니다. 그 결과, 제가 7-25절을 해석하면서 설정한 둘 사이의 구분이 사라져 버립니다. 그러므로 이번에도 해석이 틀린 것 아니냐? 라는 반론이 제기될 수 있습니다.

그러니, 제가 얼마나 놀랐겠습니까? 만약 그날 다시 제 해석이 무너졌다면 저는 그 주 설교를 하지 못했을 것입니다. 아마 그 충격으로 한 달 정도는 설교를 할 수 없었을 것입니다. 그래서 또다시 비상이 걸렸습니다. 그 시각이 종일 설교 준비를 하고 난 후였고 저녁상이 차려진 때였습니다. 그러나 저는 밥도 못 먹고 한 초대형교회 목사님이 선물로 보내준 글자가 큰 붓글씨성경을 반복해서 읽으면서 밥상 앞에서 씨름할 수밖에 없었습니다.

그런데, 하나님은 좋으신 분입니다. 왜냐하면 식사하라고 자비를 베푸셔서 바로 깨닫게 해주셨기 때문입니다. 그것을 설명해 드리겠습니다.

먼저, 우리는 성경을 그대로 인정해야 합니다. 율법의 계명을 통해 탐심이 일어나고 범죄하는 일은 구원받기 전의 지속적인 상태가 아닙니다. 그러나 언제든지 일어날 수 있는 일입니다. 이것을 솔직하게 인정해야 합니다.

그러나 7절에 기록되어 있는 것처럼, 율법을 통해 죄를 깨닫는 것은 전체 시기가 아니라 그 시점이 있습니다. 또, 이미 설명해드린 것처럼, 그 이후의 구절들도 그 시기에 집중하고 있습니다. 그러므로 바울이 율법 아래서의 초기에 일어난 일들을 예로 든 것임이 분명합니다. 바울은 어느 때나 일어날 수 있는 전부가 아니라, 처음 율법을 통해 죄를 깨닫고 그것을 통해 탐심이 일어나고 범죄한 초기의 경험들을 예로 들었습니다. 그러므로 5절은 제 견해와 모순이 되지 않습니다.

한편, 그것은 단순히 과거가 아니라 과거 중의 과거입니다.

그래서 바울이 과거시제를 사용한 것입니다. 그런데, 이것이 단지 저의 추론일까요? 아니면 팩트일까요?

당연히 후자입니다! 왜냐하면 방금 한 설명으로 이미 입증이 되었기 때문입니다. 뿐만 아니라, 만약 바울이 중기와 후기에 일어날 수 있는 것까지 다 예로 든 것이면 14-25절과 같아집니다. 과거의 과거가 아니라 과거 중의 현재가 되어버립니다. 그럴 경우, 14-25절처럼 7-13절에서도 현재시제를 사용해야 합니다. 그러나 그렇게 하지 않았습니다.

또, 14-25절에서 현재시제를 사용했다는 것도 그 증거입니다. 왜냐하면 본문에 대한 해석의 실마리를 설명할 때 확증한 것처럼 7-13절과 14-25절 둘 다 100% 바울의 과거의 경험입니다. 그런데 아무리 생각해보아도, 하나는 과거시제로 하나는 현재시제로 쓸 이유가 제가 한 설명 외에는 없습니다. 박영돈 교수가 주장한 속사람이 죄를 이길 수 없다는 것 등 다른 견해들이 있긴 하지만, 그것들은 7장이나 8장의 모든 구절들과 조화가 안 되고 모순입니다. 그러므로 저의 새 해석은 5절과 모순이 아니고 성경적으로 가능한 해석입니다. 그리고 정확한 해석입니다! 할렐루야!

(4) 25절의 감사가 삽입구라는 결정적인 증거!

지금까지 해드린 설명이 완벽합니다. 왜냐하면 완벽하게 최대 난점인 현재시제가 설명이 되기 때문입니다. 그러나 한 가지 껄끄러운 것이 있는데, 25절의 감사를 삽입구로 본다는 점입니다. 그것은 추론입니다. 그대로 놔두면 이해가 안 되기 때문에 한 추론입니다. 그런데 이 추론이 맞다는 100% 확실한 증거가 없습니다. 이것이 마음에 걸렸습니다.

제가 오래전부터 본문을 연구할 때, 현재시제와 함께 가장 당혹스럽고 혼란을 느꼈던 것이 바로 이것입니다. 어렵기가 막상막하입니다. 어떤 때는 이 두 가지 때문에 포기하고 싶은 마음까지 들었습니다. 난해해도 여간 난해한 것이 아닙니다.

그런데, 제 해석이 무너지던 날(2024년 6월 3일)도 마찬가지였습니다. 첫째는 현재시제 때문에 과거의 견해를 신뢰할 수 없었고, 둘째는 25절에 나오는 감사 때문에 과거의 견해로 돌아갈 수가 없었습니다. 그런 상황이 되자 존 스토트가 25절에 대해서 한 말이 다시 생각났습니다.

> "로마서 7장에 나오는 '내'가 중생하지 않은 불신자이며, 깊은 곤고함과 절망 속에서 구원을 요청하여 부르짖으며, 그러고 나서 즉시 이 첫 번째 부르짖음과 반대되고 그것을 무효로

만들어버리는 두 번째 부르짖음에서 자신이 구원받았음을 알리고 있다고 생각하는 사람들은, 25절 하반절이 도저히 있을 수 없는 급전직하의 진술임을 알게 된다. 그것은 도저히 참을 수 없을 만큼 당혹스러운 진술이다. 죄의 법에 계속적으로 종노릇하고 있음을 표현하고 있기 때문이다."[14]

또, 그가 제 과거와 같은 견해를 가진 사람들을 질타한 것이 생각났습니다.

"그들이 그 문제를 해결하기 위해 찾아낼 수 있는 유일한 길은 본문의 뜻을 왜곡하여(아무런 사본상의 증거가 없는데도) 구절들의 순서를 바꾸어서 25절 하반절을 24절의 부르짖음 앞에 놓는 것이다. 그래서 다드는 제임스 모패트의 재배열에 찬성하여, 25절 하반절을 원래의 위치, 논리적으로도 맞는 위치로 보이는 24절의 절정 이전으로 돌려놓는 데 찬성한다. 필립스도 그를 따른다. 케제만도 마찬가지다. 그는 25절이 후에 주석으로 삽입되었다고 여긴다. **하지만 25절 하반절은 모든 사본에서 확고하게 그 자리에 위치하고 있으며, 우리는 그것을 지우거나 옮길 수 없다."**[15]

---

14 존 스토트 『로마서 강해』 정옥배 옮김. 서울: 한국기독학생회출판부, 1996. p. 278.

15 존 스토트 『로마서 강해』 정옥배 옮김. 서울: 한국기독학생회출판부, 1996. p. 278.

전에, 저는 찰스 피니, 로이드 존즈, 더글라스 무의 설명을 인용하면서 이 주장을 반박했습니다. 기억이 나시나요?

먼저, 찰스 피니는 25절에 대해 이렇게 썼습니다.

"여기서 '우리 주 예수 그리스도로 말미암아 하나님께 감사하리로다'라는 말은 분명히 괄호이며 사고의 흐름을 깨뜨리고 들어온 것입니다. 그런 다음에 그는 모든 문제를 이렇게 요약합니다. '그런즉 내 자신이 마음으로는 하나님의 법을 육신으로는 죄의 법을 섬기노라.'"[16]

그러나 불행히도 개역한글성경, 영어성경, 원어성경까지 다 찾아보았지만 어디에서도 괄호를 발견할 수 없었습니다. 그럼에도 불구하고 "이 말이 사고의 흐름을 깨뜨리고 들어온 것"이라는 피니의 지적은 정확한 것입니다.

또, 로이드 존즈는 25절에 대해 이렇게 썼습니다.

"'우리 주 예수 그리스도로 말미암아 하나님께 감사하리로다.' 저는 이 말씀을 **일종의 갑작스런 절규**로 묘사한 바 있습니다. **사도는 찰스 핫지가 '강하고 갑작스런 감사의 정'이라**

16 찰스 G. 피니 『승리의 원리』 양낙홍 옮김. 서울: 크리스챤 다이제스트, 1991. p. 157.

고 묘사한 것과 같은 감정에 갑자기 사로잡혀 있습니다. 우리는 위대한 사도가 문체에 너무 얽매이지 않는다는 사실을 여러 차례 관찰할 기회가 있었고, 강조한 바 있습니다. 그는 자유로웠고 성령의 자유를 마음껏 누렸습니다. 그는 단순히 편지를 쓰는 자가 아니라 또한 단순한 문학가나 어떤 문학작품을 만들어내려는 최고의 관심을 기울이지 않고 있습니다. 그는 말하는 방식보다 그가 무엇을 말하는가에 더욱더 관심이 있었습니다. 사도는 결코 '기교를 위한 기교'를 부리지 않는 사람이요, 웅변을 위한 웅변을 하지 않은 사람입니다. **사도 바울은 소위 이러한 파격적인 구문에서 흔히 찬양과 감사가 터져 나오는 것을 내뱉어버리는 것입니다. 그는 탄사를 발하지 않고는 우리 주님의 이름을 언급하는 것이 언제나 어렵다는 것을 알았던 것입니다. 그는 깊고 강한 감정에 사로잡히는 순간 그가 말하고 있는 바를 삽입시키는 것입니다. 여기서 바울은 바로 그 일을 하고 있는 것이라고 생각합니다. 그것이 이렇게 일어났습니다. 그는 '내 속 사람으로는 하나님의 법을 즐거워하되 내 지체 속에서 한 다른 법이 내 마음의 법과 싸워 내 지체 속에 있는 죄의 법 아래로 나를 사로잡아 오는 것을 보는도다. 오호라 나는 곤고한 사람이로다. 이 사망의 몸에서 누가 나를 건져내랴!'(롬 7:22-24)고 말하였습니다. 그 순간 그는 자신을 제어할 수가 없어서 '우리 주 예수 그리스도로 말미암**

아 하나님께 감사하리로다'라고 말합니다. 그것은 갑작스럽게 튀어나온 진술이요, 파격구문이지 그가 말해나가고 있는 논증의 주요 진수가 아닙니다."[17]

탁월한 설명이지요! 이 설명이 저에게 큰 도움이 되었습니다. 또한, 더글라스 무는 25절에 대해 이렇게 썼습니다.

"거듭나지 않은 자라는 견해에서는, 그리스도인으로서의 바울이 여기에 이르러 자기의 감사하는 마음을 탄성으로 발했다는 것이 전제되지 않으면 안 된다. **그리고 주위의 문맥에서 단수의 '나'로 말하다가 복수의 '우리'가 나온다는 점에서("우리 주의", "우리"를 가리킴-옮긴이) 그런 탄성이 있음을 가리킨다는 논증도 아마 가능할 것이다.**"[18]

이 설명도 일리가 있습니다. 그러나 문제는 이 중의 어느 것도 결정적이지 않다는 것입니다. 그래서 늘 뭔가 석연치 않았습니다. 때문에 그날도 이런 의문이 강하게 들었습니다.

---

17 D. M. 로이드 존즈 『로마서 강해 4권』 서문강 옮김. 서울: 기독교문서선교회, 1993. pp. 288-289.

18 더글라스 무 『로마서 주석』 손주철 옮김. 서울: 솔로몬, 2015. p. 640.

'우리는 감사가 삽입구라고 말한다. 그러나 성경은 기록된 대로 믿어야 하지 않을까? 삽입구라고 하며 순서를 바꿔서 이해하는 것이 과연 바른 것일까? 또, 이것은 추론일 뿐이다. 그런데 추론을 어떻게 믿을 수 있나? 결국, 이 구절이 심히 난해하고 설명이 불가능하니 그런 추론을 한 것 아닌가?'

이 생각을 떨쳐버릴 수 없었습니다. 그래서 과거의 견해까지 다 없고 백지상태가 되어 새벽 2시 40분까지 연구를 한 것입니다.

그런데, 감사하게도 그날 새벽 본문 해석의 최대 걸림돌인 현재시제뿐 아니라 감사가 삽입구라는 것에 대한 결정적인 증거를 깨달았습니다. 그 후에 설교를 준비하면서 전의 설명을 다시 읽어보니 의외로 탁월한 설명들이 많아서 놀랐습니다. 그래서 그것들과 함께 설명하고 마지막에 그날 새벽에 깨달은 결정적인 증거를 설명해 드리고자 합니다.

㉦ 감사를 삽입구로 보지 않으면 6장과 모순이 된다!

만일 감사가 갑작스럽게 뛰어든 파격구문이 아니라 논리의 주요 부분이라면, 단순히 부조화인 것이 아니라 로마서가 뒤죽박죽이 되어버립니다. 왜냐하면 바울이 로마서 6장에서 이렇게 감사했기 때문입니다.

"하나님께 감사하리로다. 너희가 본래 죄의 종이더니 너희에게 전하여준바 교훈의 본을 마음으로 순종하여 **죄에게서 해방되어 의에게 종이 되었느니라."**(17-18절)

그런 바울이 25절에서 정반대의 이유로 감사할 수 있을까요? 없습니다. 그러면 모순이기 때문입니다. 그러므로 감사가 삽입구임이 틀림없습니다.

ⓛ 감사는 논리의 흐름과 상관없이 아무 때나 가능하다!

감사는 아무 때나 할 수 있는 것입니다. 예컨대, 설교하다가 감사한 마음이 올라오면 언제나 "할렐루야! 하나님 감사합니다."라고 말할 수 있는 것 아닙니까? 꼭 설교 원고의 문맥에 맞게 감사해야 하는 것이 아닙니다. 그러므로 감사를 문맥과 무관한 삽입구로 보아도 그것은 문맥 파괴가 아닙니다.

또, 이런 감사가 가능한 이유가 있습니다. 그것은 생각이 글보다 빠르기 때문입니다. 바울은 "오호라 나는 곤고한 사람이로다. 이 사망의 몸에서 누가 나를 건져내랴?"라고 쓰고 있었습니다. 그러나 그의 생각은 훨씬 나가서 로마서 8장까지 날아갔습니다. 써야 할 내용을 이미 알고 있는 상태에서 쓰고 있었기 때문입니다. 그 순간, 과거에 율법하에서는 절망 속에서 절규할 수밖에 없었는데, 예수님이 죄와 사망의 법에서 해방시켜 주신 것이 생각났습니다. 그것이 너~무 감사했습니다. 그래서 불쑥 감사를 드린 것입니다. 그 후 다시 설명하던 것으로 돌아가 "그런즉 내가 마음으로는 하나님의 법을 몸으로는 죄의 법을 섬기노라."라고 7장을 마무리한 것입니다.

바울은 편지를 쓰고 있었고 논문을 작성하고 있지 않았습니다. 설교하고 있을 때와 유사합니다. 그래서 설교 중 자유롭게 말하고 어느 때나 감사할 수 있듯이 갑툭튀 감사를 드린 것입니다. 그러므로 감사를 삽입구로 보는 것이 결코 이상한 것이 아닙니다.

ⓒ 감사 내용이 전후의 내용과 다르고 조화가 안 된다!

바울은 24절에서 "오호라 나는 곤고한 사람이로다. 이 사망의 몸에서 누가 나를 건져내랴?"라고 절망 속에서 절규했습니다. 그리고 바로 다음절인 25절에서 "우리 주 예수 그리스도로 말미암아 하나님께 감사하리로다."라고 감사했습니다.

24절은 본문 같은 상태에서 건져달라고 호소하는 내용입니다. 그러나 25절 전반절은 그 상태에서 건져주신 것을 감사한 것입니다. 이것은 절대 죄의 종 된 상태 때문에 감사한 것이 아닙니다. 방금 전까지 탄식하고 절규하다가 그 이유로 감사한다는 것은 말이 안 됩니다. 실제로, 개역개정성경은 생략했으나 25절 전반절의 감사는 반의 접속사 "그러나"('데',

de)로 시작합니다. 그러므로 전의 상태가 아니라 그 상태에서 건짐 받은 것 때문에 감사한 것입니다. 즉, 구원받은 것에 대한 감사입니다.

그런데 그 뒤 25절 후반절에서 그 구원에 대해 말하지 않았습니다. 다시 과거로 돌아가 "그런즉 내 자신이 마음으로는 하나님의 법을 육신으로는 죄의 법을 섬기노라"라는 말로 본문 전체를 요약했습니다. 그러므로 바울의 감사는 전후의 내용과 모순이고 서로 조화가 되지 않습니다. 따라서 우리는 감사를 논리의 흐름과 상관없이 갑자기 터져 나온 삽입구로 볼 수밖에 없습니다.

㉣ 감사가 삽입구라는 것은 추론이 아니라 부동의 사실이다!

앞에서 말한 것처럼, 제 해석의 마지막 장애물은 감사가 삽입구라는 것이 추론이라는 것입니다. 추론을 어떻게 믿을 수 있습니까? 그러므로 우리에게 필요한 것은 감사가 삽입구라는 것을 확증해줄 수 있는 결정적인 증거입니다.

그런데 그날 새벽, 드디어 이에 대한 결정적인 증거를 캐치했습니다. 그것은 8장 1절의 "그러므로"입니다. 왜냐하면 감사가 삽입구가 아닐 경우, 25절 하반절과 8장 1절이 자연스럽게 연결되고 조화를 이루어야 하는데 그렇지 않기 때문입니다.

잠시, 감사가 삽입구가 아니라고 생각하고 본문을 읽어보십시오. 25절 하반절에는 "그런즉 내 자신이 마음으로는 하나님의 법을 육신으로는 죄의 법을 섬기노라"라고 쓰여 있습니다. 그런데 본문을 신자의 상태로 보고 8장 1절의 "그러므로 이제 그리스도 예수 안에 있는 자에게는 결코 정죄함이 없나니"와 연결해서 읽어보십시오. 도무지 말이 안 됩니다.

어떤 분은 "왜 말이 안 되느냐? 어거스틴 계승자들처럼 7장 본문을 신자의 상태로 보면, 구원받은 사람들은 천국에 가기 때문에 '그러므로 이제 그리스도 예수 안에 있는 자에게는 결코 정죄함이 없나니'라고 말할 수 있는 것 아니냐?" 라고 반문할 것입니다.

그러나 그렇지 않습니다. 왜냐하면 논리적으로 이 말이 가능하려면 8장 1절이 "그러므로"가 아니라 "그러나"로 시작해야 합니다. 그래야 25절 하반절처럼 죄 가운데 사는 상태지만 '그러나' 그리스도 예수 안에 있는 자에게는 결코 정죄함이 없다! 이처럼 이어질 수가 있습니다. 그런데 "그러므로"로 시작합니다. 25절 하반절은 본문의 요약입니다. 죄를 이길 수 없고 말씀대로 살지 못한다는 내용입니다. 그런데 그 뒤 "그러므로 이제 그리스도 예수 안에 있는 자에게는 결코 정죄함이 없나니"라고 하다니 말이 됩니까? 더구나, 2절까지 보면 죄와 사망의 법에서 해방되었다는 내용입니다. 또, 3-4절까지 보면 그들이 육신이 아니라 성령을 따름으로 율법의 요구를 이루는 자들이고, 그래서 결코 정죄를 받지 않는다는 내용입니다. 25절 하반절의 내용과 상반이 되고 완전히 모순이지요! 그러므로 그렇게 이해하는 것이 불가능합니다.

그럼 "그러므로"가 받고 있는 것은 무엇일까요? 그것은 25절 후반절이 아니라 전반절입니다!

"우리 주 예수 그리스도로 말미암아 하나님께 감사하리로다!"

그런데 이 감사에 감사의 이유가 안 나타나 있습니다. 그래서 "그러므로"가 이것을 받을 수 없다고 생각할 수도 있습니다. 내용이 있어야 그것을 받아서 말한다고 할 수 있는데, 덩그러니 감사만 있기 때문입니다. 그러나 자세히 보면, 감사의 내용이 없는 것이 아닙니다. 왜냐하면 24절의 "오호라 나는 곤고한 사람이로다. 이 사망의 몸에서 누가 나를 건져내랴?"라는 탄식 직후 감사했기 때문입니다. 그래서 죄의 지배에서 건져준 것을 감사한 것이 됩니다.

25절의 감사는 죄의 지배에서 건져주신 것에 대한 감사입니다. 때문에 8장 1절에서 그 감사를 받고, 1-4절을 통해 죄의 지배에서 건져주신 것을 자세히 설명한 것으로 보면 비로소 자연스럽습니다. 이처럼 "그러므로"가 25절의 감사를 받고 있는 것으로 보아야 논리적으로 이상하지 않습니다. 그것이 아니라면, 여기서 “그러므로”를 사용할 수가 없습니다. 그러므로 “그러므로”가 진실로 25절의 감사를 받고 있는 것임이 분명합니다.

그런데, 이것이 무엇을 뜻할까요? 25절의 감사가 삽입구라는 것입니다. 왜냐하면 감사를 삽입구로 보지 않으면 두 장이 논리적으로 연결이 안 되고 모순이기 때문입니다. 이것은 감사가 삽입구라는 결정적인 증거입니다! 그런즉 감사가 삽입구라는 것은 추론이 아닙니다. 그것은 실제로 삽입구입니다! 그러므로 놀랍게도 “그러므로”라는 접속사 하나가 어거스틴 계승자들의 잘못된 해석의 목을 쳐버리고, 동시에 제 해석이 옳다는 것을 확증해주는 결정적인 증거가 되는 것입니다. 할렐루야!

이것이, 그날 새벽 하나님의 은혜로 감사에 대해 깨달은 내용입니다. 그 후 저는 주석들을 읽으며 과연 이 깨달음이 맞는지 확인 작업을 시작했습니다. 그 결과, 많은 주석이 과거의 저처럼 “그러므로”에 주목하지 않았다는 것을 발견했습니다. 이것은 매우 부주의한 것입니다.

또, 존 스토트나 제임스 던처럼 저와 견해가 다른 자들의 “그러므로”에 대한 설명이 설득력이 없다는 것을 발견했습니다. 존 스토트는 “그러므로”에 대해 이렇게 썼습니다.

“이 장의 첫 부분에 나오는 ‘그러므로’라는 말은 사도 바울이 요약을 하고 있거나 아니면 중간 결론을 내리고 있음을 나타낸다. 그러나 그가 내리는 결론은, 7장에서만 나온 것이 아니라 지금까지 그가 진술해온 전체 논증, 특히 3-5장에서 쓴, 그리스도의 죽음과 부활을 통한 구원으로부터 나온 것처럼 보인다.”[19]

또, 제임스 던은 “그러므로”에 대해 이렇게 썼습니다.

“7:25에서 8:1로 전환하는 것이 어색함(“육신으로는 죄의 법을 섬기노라”에서 “결코 정죄함이 없나니”로의 전환)은 상당한 당황스러움을 야기하고 몇몇 주석가들로 하여금 그 구절이 (7:25b와 더불어) 대신 들어왔다거나 어구주석이라고 가정하도록 촉발시켰다(7:25b를 보라). 그러나 그러한 가정은 대단히 불필요하다. 바울은 7:25와 8:1간에 잠시 휴식하는 것을 대체로 의도했을 것이고 이는 서술 가운데 또 로마의 회중들에게 서신을 읽는 가운데 쉽게 드러나는 사상의 흐름을 나타낸다.”[20]

19 존 스토트 『로마서 강해』 정옥배 옮김. 서울: 한국기독학생회출판부, 1996. p. 282.
20 제임스 던 『WBC 성경주석 로마서』 김철·채천석 옮김. 서울: 솔로몬, 2013. p. 705.

둘 다 추론에 가깝고 불확실해서 신뢰할 수가 없습니다. 무시해도 되는 내용들입니다.

또한, 저는 상당수 주석가들이 저나 던처럼 "그러므로"가 가진 문제점을 인식하고 있었다는 것을 확인할 수 있었습니다. 예를 들어, 로이드 존즈는 "그러므로"에 대해 이렇게 썼습니다.

> "'그러므로……' 이미 사도가 말한 것을 비추어 볼 때 우리가 그 말을 어떻게 해석해야겠습니까?
>
> 여기에 하나의 흥미 있는 문제가 있습니다. **우리는 그 묘사가 7장 끝에서 말한 것과 관련되어 있지 않음을 지적하는 데 많은 시간을 보낼 필요가 없습니다. 다행히도 가장 훌륭한 주석가들 거의가 그 점에 일치(一致)하고 있습니다.** 예를 들어서 찰스 핫지(Charles Hodge)는 사도 바울이 8장 초두에 말하고 있는 것과 또 8장에서 말해나가는 모든 것은 7장에서부터 추론된 것이 아니라고 아주 분명히 주장합니다. 적어도 7장 14절에서 25절까지의 말씀으로 추론한 것은 결코 아니라는 것입니다. **여러분은 바울이 이제까지 말해왔던 것으로부터 '그러므로 그리스도 예수 안에 있는 자에게는 결코 정죄함이 없다'는 말씀을 추론할 수 없습니다. 전혀 자연스런 연결이**

되지 않습니다."[21]

또, 토마스 슈라이너도 "그러므로"에 대해 이렇게 썼습니다.

"로마서 7장 25b절에서 긴장이 가득하면서 모호한 결론 다음에 오는 '그러므로'(아라) 이제 그리스도 예수 안에 있는 자에게는 결코 정죄함이 없다는 주장은 놀랄 만하다. '그러므로'가 이전 문맥과 어떤 연관성을 가지는가? 그것은 '내'가 죄의 권세 아래 종노릇하고 있기 때문에 하나님의 율법을 지킬 수 없다고 말하는 7장 14-25절의 논리적인 결론이 아니다. 이 논증은 다음과 같이 이해될 수 없다. 즉, 나는 죄의 종이기 때문에, 그리하여 나는 더 이상 정죄 아래 있지 않다."[22]

나아가서, 저는 여러 학자들이 제가 "그러므로"에 대해 깨달은 것과 동일한 결론에 도달했다는 것을 발견했습니다. 예를 들어, 존 위트머는 "그러므로"에 대해 이렇게 썼습니다.

"먼저 바울은 독자들에게 그러므로-구원이 '우리 주 예수

21 D. M. 로이드 존즈 『로마서 강해 4권』 서문강 옮김. 서울: 기독교문서선교회, 1993. pp. 330-331.

22 토마스 슈라이너 『BECNT 로마서』 배용덕 옮김. 서울: 부흥과개혁사, 2013. p. 481.

그리스도로 말미암아' 나오기 때문에(7:25)-그리스도 예수 안에 있는 자에게는 정죄함(카타크리마, '심판')이 없나니, 이는 곧 그들의 믿음의 결과요 그리스도와 연합됨의 결과임을 상기시켰다(참조. 6:13; 요 5:24)."[23]

또한, 로버트 W. 야브루는 이렇게 썼습니다.

"8:1 이 구절은 앞 절('육신으로는 죄의 법을 섬기노라', 7:25b)에서 직접 추론한 것이 아니다. 앞 절은 '정죄함이 없다'는 말과 정반대로 들린다. 그러나 바울은 그로 하여금 '우리 주 예수 그리스도로 말미암아 하나님께 감사하리로다' (7:25a)라고 외치게 한 그 렌즈를 통해 보고 있다."[24]

물론 학자들이 그런 결론을 내렸다고 그것이 반드시 옳은 것은 아닙니다. 그러나 저는 이미 큰 그림과 새로운 해석을 통해 본문이 율법 아래 있는 사람의 상태라는 것을 완벽하게 증명했습니다. 그런데 어떻게 "그러므로"가 본문을 받을 수 있습니까? 그것은 율법 아래 있는 불신자들에게 결코 정

23 존 위트머 『두란노 강해 주석시리즈24 로마서』 허미순 옮김. 서울: 두란노, 1992. pp. 93-94.

24 로버트 W. 야브루 『ESV 성경 해설 주석 로마서』 홍병룡 옮김. 서울: 국제제자훈련원, 2022. pp. 209-210.

죄함이 없다고 말하는 것과 마찬가지입니다. 그러므로 불가능합니다. 따라서 25절의 감사는 삽입구이고, 8장 1절은 "그러므로"를 통해 그 감사를 받아서 말하고 있는 것이라는 저의 견해가 옳은 것일 수밖에 없는 것입니다.

끝으로, 여러분이 아셔야 할 것이 있습니다. 참 해석은 항상 그 단락의 전체 구절과 완벽한 조화를 이룹니다. 그것이 그 견해가 옳다는 가장 강력하고 결정적인 증거입니다. 제가 저의 해석이 무너진 후, 과거의 해석으로 돌아가지 않은 이유가 무엇입니까? 현재시제에 대한 깔끔한 설명이 불가능했기 때문입니다. 그러나 새 해석에 의하면 현재시제가 깔끔하게 이해됩니다. 또, 25절의 감사가 삽입구라는 것이 추론으로 보였기 때문입니다. 그런데 새 해석에서는 추론이 아니라 실제라는 것이 100% 증명이 됩니다. 또한, 새 해석은 본문의 어느 구절과도 모순이 되지 않습니다. 모든 구절과 완벽한 조화를 이룹니다. 그래서 해석에 제동이 걸리지 않습니다. 이것은 해석이 옳은 것일 때만 일어나는 현상입니다. 따라서 저는 제 해석이 참으로 옳은 해석이라고 확신합니다.

(5) 덤으로 깨달은 찜찜하고 모호하고 혼란스러웠던 것들!

2024년 6월 4일 새벽, 본문 해석의 걸림돌인 현재시제와 감사를 뛰어넘은 새 해석이 완성된 것은 경이로운 일이고 기적과도 같은 하나님의 은혜입니다. 그것만도 감사한데, 그때 본문이 속 시원하게 이해되면서 7장과 8장에 대해 찜찜하기도 하고, 불확실하기도 해서, 늘 정확하게 알고 싶었던 것들이 도미노처럼 줄줄이 이해가 되었습니다. 참으로 기적이었습니다. 그것을 여러분에게 하나하나 설명해 드리고자 합니다.

㉠ 과연 본문의 초점이 단지 율법의 무능력일까?

전에 인용한 토마스 슈라이너의 말입니다.

> **"이 단락은 그리스도인의 경험과 그리스도인이 되기 이전의 경험을 판단하기 위한 의도가 아니다. 이 부분은 변화시키기 위한 율법의 내재적인 무능성에 초점이 있다."[25]**

이것은 무너진 제 해석의 발단이 된 말이기도 합니다. 그런데 굉장히 매력적입니다. 그래서 여전히 맞는 말 아닌가? 라는 의문이 남아 있었습니다. 그러나 잘 모르겠더라고요.

그런데, 새 해석이 의문을 깔끔하게 해결해 주었습니다. 토마스 슈라이너의 말은 반만 맞고 반은 틀립니다. "이 부분은

---

25 토마스 슈라이너 『로마서』 배용덕 옮김. 서울: 부흥과개혁사, 2013. p. 461.

변화시키기 위한 율법의 내재적인 무능성에 초점이 있다."는 것은 맞지만, "이 단락은 그리스도인의 경험과 그리스도인이 되기 이전의 경험을 판단하기 위한 의도가 아니다."라는 말은 틀린 것입니다. 왜냐하면 새 해석에 따르면, 본문은 율법 아래 있는 사람들, 즉 그리스도인이 되기 전의 경험을 말한 것이 확실합니다. 그러므로 실제로 구원받지 못한 율법하에 있는 사람의 상태를 묘사한 것이기 때문입니다.

ⓛ 과연 단락을 나눌 때 14절부터 나누는 것이 옳은가?

앞에서 저는 7-25절을 두 단락으로 나눌 필요가 있는가? 라는 의문을 제기했습니다. 그 이유는 대주제가 같은데 다르다고 착각해서 본문을 곡해할 위험이 있기 때문입니다.

그러나 7-25절의 대주제가 무엇인지와 본문이 바울의 현재 상태와 구원받은 신자의 경험이 아니라는 것을 이해한 후에, 소주제가 다르기 때문에 두 단락으로 나누는 것은 얼마든지 가능한 일입니다.

그런데 저는 이처럼 두 단락으로 나누는 것에 대해 궁금한 것이 하나 있었습니다. 오래전부터 학자들은 7-13절과 14-25절로 단락을 나누었습니다. 그러나 토마스 슈라이너는 7-12절, 13-25절로 단락을 구분합니다. 그런데 논리가 굉장히 그럴듯합니다. 그는 두 가지 질문을 통해 단락을 나눠야 한다고 주장했습니다. 즉, 7-12절은 7절의 "그런즉 율법이 죄냐?"라는 질문에 대한 설명이고, 13-25절은 13절의 "그런즉 선한 것이 내게 사망이 되었느냐?"라는 질문에 대한 설명이라고 주장했습니다. 뭔가 딱 맞아떨어지고 상당히 그럴듯하지 않나요? 그래서 '왜 대부분의 학자들이 14절부터 단락을 나누지? 과연 그것이 옳은가?'라는 의문이 제 마음에 자리 잡았습니다.

그런데 그 의문이 깔끔하게 해결되었습니다. 우리가 두 질문에 주목하면 토마스 슈라이너의 구분이 옳아 보입니다. 그러나 9-11절을 13절과 비교해보십시오.

> 로마서 7:9-11 "전에 율법을 깨닫지 못했을 때에는 내가 살았더니 계명이 이르매 죄는 살아나고 **나는 죽었도다**. 생명에 이르게 할 그 계명이 내게 대하여 도리어 **사망에 이르게 하는 것이 되었도다.** 죄가 기회를 타서 계명으로 말미암아 나를 속이고 **그것으로 나를 죽였는지라.**"

> 로마서 7:13 "그런즉 선한 것이 내게 사망이 되었느냐? 그럴 수 없느니라. 오직 죄가 죄로 드러나기 위하여 **선한 그것으로 말미암아 나를 죽게 만들었으니** 이는 계명으로 말미암아 죄로 심히 죄 되게 하려 함이라."

이처럼 계속 같은 것을 설명하고 있습니다. 그러다 14절부터 다른 소주제를 다뤘고 시제를 현재시제로 바꾸었습니다. 이로 보건대, 단락 구분을 두 질문이 아니라 두 시제에 근거해서 해야 옳습니다. 그러므로 전통적인 구분이 옳은 것입니다.

ⓒ 신자가 무조건 정죄를 받지 않을 가능성은 전혀 없는가?

로마서 8:1-2 "그러므로 이제 **그리스도 예수 안에 있는 자에게는 결코 정죄함이 없나니** 이는 그리스도 예수 안에 있는 생명의 성령의 법이 **죄와 사망의 법에서 너를 해방하였음이라.**"

1절에 나오는 "정죄"는 "의롭다 하심"과 같은 법정적인 용어입니다. 또, "법"은 노모스, 즉 일반적으로는 율법을 뜻합니다. 그래서 "죄와 사망의 법에서 너를 해방하였음이라"에 나오는 "죄와 사망의 법"을 율법으로 보고, 신자는 율법에서 해방되었고 더 이상 율법 아래 있지 않기 때문에 죄를 지어도 결코 정죄함을 받지 않는다고 주장하는 사람들이 있었고, 지금도 있습니다. 학자들 중에는 거의 없지만 목사들 중에는 제법 있는 것으로 알고 있습니다.

그러나 이것은 구원파적인 왜곡된 구원론을 가진 자들이 로마서 6장 15절을 통해 구원파적인 주장을 펼치는 것과 똑

같은 주장입니다.

> "그런즉 어찌하리요. **우리가 법 아래에 있지 아니하고 은혜 아래에 있으니 죄를 지으리요**. 그럴 수 없느니라."

그들은 우리가 법 아래 있지 않고 은혜 아래 있고 죄를 지어도 정죄를 받지 않기 때문에 이 질문이 나왔다고 생각합니다. 그러나 이것은 옳은 것이 아닙니다. 왜냐하면 "은혜"를 오해하고 있는 대적자들의 생각을 바울이 설명을 위해 가져온 것이기 때문입니다. 만약 그렇지 않고 바울의 생각이라면 이는 6장은 물론이고 8장과 11장과도 모순입니다. 그런데 바울의 생각이 통일성이 없을 리가 없습니다. 그런데도 일부 학자와 목사들은 이 구절을 바울의 생각으로 착각하고 믿는 자는 무슨 죄를 지어도 절대 버림받거나 정죄를 받지 않는다고 가르칩니다. 이런 가르침은 심히 위험하고 잘못된 것입니다.

그들이 8장 1-2절을 오해하는 또 하나의 이유는 본문을 구원받은 신자의 상태로 보는 어거스틴의 잘못된 견해 때문입니다. 그런데 본문은 "그런즉 내 자신이 마음으로는 하나님의 법을 육신으로는 죄의 법을 섬기노라."(롬 7:25)라고 죄 가운데 사는 것으로 끝나고, 곧바로 "그러므로 이제 그리스도 예수 안에 있는 자에게는 결코 정죄함이 없나니"(롬 8:1)

라고 기록되어 있습니다. 그래서 그런 오해를 한 것입니다.

그러나 그들의 견해는 옳은 것이 아닙니다. 왜냐하면 현재 바울의 관심사가 칭의나 죄 용서가 아니기 때문입니다. 바울은 칭의를 3장 21절 이하 5장에서 다뤘습니다. 또, 6장에서는 성화의 필요성을 다뤘고, 7장과 8장 초반부에서는 칭의나 용서가 아니라 성화의 비결을 다뤘습니다. 7장 초반에서 율법에서 벗어나 예수님께로 가서 하나님을 위한 열매를 맺어야 한다고 말한 것도 이것을 뒷받침해 줍니다(1-4절).

무엇보다, 새 해석이 이런 미혹을 말끔히 거둬냅니다. 새 해석에 따르면, 25절 전반절의 감사가 죄의 지배에서 건져준 것에 대한 감사입니다. 8장 1-2절은 그것을 이어받아 죄 사함이 아니라 죄의 지배에서의 해방을 설명한 것입니다. 때문에 8장 1-2절을 그들처럼 이해할 수가 없습니다. 그것은 명백히 주제 이탈이기 때문입니다. 이는 불가능한 해석입니다. 그러므로 우리는 그런 구원파적인 해석을 거부해야 합니다.

㉣ 혹시 "사망의 몸"에 대한 탄식이 몸의 속량을 열망한 것은 아닐까?

본문을 신자의 정상적인 상태라고 믿는 학자들은 본문 24절이 궁극적인 구원에 대한 열망을 보여준다고 생각합니다.

> "오호라 나는 곤고한 사람이로다! 이 **사망의 몸**에서 누가 나를 건져내랴?"

그들은 이 구절의 "사망의 몸"을 로마서 8장 23절과 연결시킵니다.

> "그뿐 아니라 또한 우리 곧 성령의 처음 익은 열매를 받은 우리까지도 속으로 **탄식하여** 양자 될 것 곧 우리 **몸의 속량을 기다리느니라**."

그리고 우리의 영은 구원받았지만 '몸'의 속량이 이뤄지지 않아서 '영화'를 갈망하며 "이 **사망의 몸**에서 누가 나를 건져내랴?"(24절)라고 탄식하고 있는 것이라고 주장합니다.

이 견해의 대표적인 학자는 로버트 할데인입니다. 그는 24절의 "건져내랴!"가 사실상 "건져낼 것인가!"라는 미래적인 표현이고 전적으로 미래를 가리킨다고 주장합니다. 정말 그럴듯하지요! 그래서 저도 처음에는 당황하고 흔들렸습니다. 그 후 그것이 아니라는 것을 알면서도 수시로 헷갈리곤 했습니다. 특히, 바울이 본문에서 계속 몸을 언급했다는 것이 혼란을 부채질했습니다.

로마서 7:14 "우리가 율법은 신령한 줄 알거니와 **나는 육신에 속하여** 죄 아래에 팔렸도다."

로마서 7:18 "내 속 곧 **내 육신에 선한 것이 거하지 아니하는 줄을 아노니** 원함은 내게 있으나 선을 행하는 것은 없노라."

로마서 7:23 "**내 지체 속에서** 한 다른 법이 내 마음의 법과 싸워 **내 지체 속에 있는 죄의 법**으로 나를 사로잡는 것을 보는도다."

로마서 7:24 "오호라 나는 곤고한 사람이로다! **이 사망의 몸에서 누가 나를 건져내랴?**"

로마서 7:25 "우리 주 예수 그리스도로 말미암아 하나님께 감사하리로다. 그런즉 내 자신이 마음으로는 하나님의 법을 **육신으로는 죄의 법을 섬기노라.**"

이처럼 본문에서 계속 몸에 대해 말했습니다. 그래서 정말로 몸이 주제고 몸의 속량에 대한 갈망을 다루고 있는 것 같은 착각이 일어납니다.

그러나 본문의 정확한 주제는 몸이 아니라 몸속에서 역사하는 죄의 법 즉, 죄입니다. 바울은 정확히 그것을 다뤘습니다. 그러므로 바울의 탄식은 "몸의 속량"을 바라고 한 것이 아닙니다. "율법이 육신으로 말미암아 연약하여 할 수 없는 그것"(롬 8:3), 즉 죄의 지배에서의 해방을 고대하면서 탄식한 것입니다.

뿐만 아니라, 새 해석을 통해 본문이 구원받은 신자가 아닌 율법하에 있는 사람의 상태라는 것이 여실히 드러났습니다. 그런데 몸의 속량은 구원받은 신자들이 가진 열망이지, 율법하에 있는 사람들이 가진 열망이 아닙니다. 그러므로 바울의 탄식은 몸의 속량을 바라고 한 것일 수 없습니다. 그 결과, 감사하게도 오랫동안 주기적으로 저를 괴롭혔던 혼란이 깔끔하게 사라졌습니다.

ⓜ 어쩌면 로마서 7-8장이 다 바울의 상태라는 해석이 옳은 것 아닐까?

현재 교회들 안에 유행하는 본문이 바울의 현재 상태요, 구원받은 신자의 상태라는 위험한 견해는 어거스틴에 의해 시작되었습니다.[26] 그도 처음에는 본문을 중생하지 못한 사람에 대한 묘사로 보았습니다. 그러다가 견해가 바뀌어 중생한 사람에 대한 묘사이고, 그것도 최선을 다하고 있는 성도

26 아우구스티누스 『아우구스티누스의 은혜론』 김종흡 옮김. 서울: 생명의말씀사, 1990. p. 228.

를 묘사한 것이라고 주장했습니다. 즉, 바울의 현재의 경험으로 보았습니다.

그러나 이 견해는 '바울이 로마서를 기록할 당시 정말로 이런 형편없는 수준이었겠느냐?'라는 도전에 직면합니다. 그래서 어거스틴 계승자들은 로마서 7장이 중생한 사람에 대한 전체가 아니라, 8장도 중생한 사람을 묘사한 것이라고 주장하기 시작했습니다. 그들은 7장은 한 국면일 뿐이고, 7장과 8장을 다 보아야 전체를 알 수 있다고 주장했습니다.

어거스틴의 견해와 달리, 이 주장은 굉장히 그럴듯하고 매력적입니다. 그래서 저도 몇 번이나 혹시 이것이 가능성 있고 옳은 것 아니야? 라고 생각하곤 했습니다. 그러나 문맥과 맞지 않아 '아니야!'라고 결론을 내리고도, 또다시 그런 생각이 들곤 했습니다. 또, 이번에 제 해석이 무너졌을 때도, 미련이 생기면서 '혹시 이것이 맞는 것 아니야?'라는 생각이 들었습니다.

그러나 저의 새 해석은 어거스틴의 견해는 물론이고 그 계승자들의 주장을 완전히 가루로 만들어버립니다. 왜냐하면 새 해석에 따르면, 본문은 율법이 육신으로 말미암아 연약하여 할 수 없는 것을 설명한 것이고, 8장은 율법이 할 수 없는 그것을 하나님이 할 수 있게 해주신 것을 설명한 것이기 때문입니다. 즉, 하나는 율법하에서는 말씀대로 살 수 없다는 내용이고, 또 하나는 그리스도 안에서는 살 수 있다는 내용입니다. 서로 다르고 분명히 구분되는 내용입니다. 그러므로 어거스틴과 그 계승자들의 주장은 잘못된 것이고 결코 옳은 것이 아닙니다.

마지막으로, 여러분과 나누고 싶은 것이 있습니다. 본문에 대한 제 해석이 무너지고, 지금까지 설명해드린 새 해석이 완성되던 날, 저는 새벽 4시가 돼서야 잠을 자려고 제 방으로 들어갔습니다. 다음날은 늦게까지 푹 잤습니다. 그 후 일어나 어제 깨달은 새 해석에 대해 더 정교하게 깨달아지는 것을 추가로 녹음했습니다.

그때 박세훈 목사님이 머뭇거리며 조심스럽게 말을 해도 되는지 물었습니다. 그래서 말해보라고 했더니 이런 말을 했습니다.

"어제 새벽에는 담임목사님께서 굉장히 스트레스를 많이 받은 상태이셔서 말씀을 못 드렸습니다. 그런데 오늘 아침에는 말씀드려도 되겠다는, 또 말씀드려야 한다는 강력한 감동이 계속 임해서 조심스럽게 말씀드립니다.

어젯밤 새벽 3시가 넘어 다른 목사님들 두 분은 지쳐서 올라가시고 담임목사님과 저만 얘기를 했습니다. 그런데, 저는 이유는 모르겠지만 피곤한 줄도 모르고 점점 더 정신이 선명

해지고 눈도 맑아지고 계속 흥분이 되었습니다. 그렇게 담임목사님과 얘기하고 있는데, 심상도 아니고 환상도 아니고 눈을 뜬 상태에서 현실처럼 보이는 열린 환상이 선명하게 보였습니다.

제게 열린 환상은 굉장히 희귀하고 심히 중요할 때만 보았습니다. 지금까지 단 한 번, 감리교에서 나와 부흥교단으로 옮겨서 교회를 개척할 때 열린 환상을 보았습니다. 그때 받은 응답은 매우 중요하고 정확한 것이었습니다.

그 후 이번에 두 번째로 열린 환상을 보았는데, 거대한 손이 나타나서 담임목사님을 계속 쓰담쓰담 해주시는 것을 보았습니다. 굉장히 크고 빛나는 손이었습니다. 그래서 저는 속으로 '저것은 절대로 사람의 손이 아니야. 사람의 손이 저렇게 클 수도 없고 저렇게 빛날 수도 없어!'라고 생각했습니다. 그런데 크고 빛나는 손이 담임목사님의 머리부터 섬세하고 부드럽게 계속 쓰다듬어주셨는데, 사랑이 가득 담겨 있었습니다. 그것을 보면서 저는 하나님께서 담임목사님을 위로해주시고, 격려해 주시고, '너무 잘했다!'고 하시는 것을 굉장히 강하게 느꼈습니다."

여러분, 왜 하나님께서 박세훈 목사님에게 이런 이례적인 열린 환상을 보여주셨는지 아십니까? 그 이유는 세 가지입니다.

첫째로, 그날 제가 받은 심적 충격이 너무 커서 위로하기 원하셨기 때문입니다.

이미 말씀드린 대로, 그날 공황상태처럼 될 정도로 저에게 충격이 컸습니다. 얼굴은 사색이 되고 마음은 심히 낙담되었습니다. 일시적이었지만, 설교하거나 목회할 자신이 없어졌습니다. 너무 힘들어 더 이상은 못 하겠다는 생각이 들었습니다. 멘탈이 붕괴되어 더 이상은 버틸 수 없을 것 같았습니다. 그래서 "이번 주 설교 못 할 것 같아. 어디 가서 한 달 쉬었으면 좋겠어!"라고 말했습니다. 아직도 제 가슴이 먹먹하고 충격이 채 가시지 않았습니다.

그래서 사랑의 하나님께서 "사람들은 몰라줘도 내가 안다. 네가 하는 연구와 씨름이 얼마나 힘들고 중요한 것인지를! 그러니 낙심하지 말고 힘을 내서 다시 일어나라! 다시 달려가라!"고 저를 위로하고 격려하시기 위해 보여주신 것입니다. 할렐루야! 사랑이 무한하신 좋으신 하나님을 찬양합니다.

둘째로, 저의 새 해석이 옳고 완벽한 것이라는 확증을 주기 원하셨기 때문입니다.

물론 저는 무너진 제 해석도 완전한 해석이라고 생각했습니다. 그러나 전에도 말하지 않았습니까? 진짜 어려운 난해구들은 완벽하다고 여겨지는 해석이 세 번 뒤집히고, 네 번

째에 비로소 완벽한 해석이 되는 경우가 많다고! 그런데 이번에도 무너진 것이 세 번째 해석이고 새 해석은 네 번째 해석이었습니다.

그럼에도 불구하고 여러분이 '지난번에도 완벽한 해석이라고 하시더니 뒤집혔잖아! 그런데 이번은 완벽한 해석인지 어떻게 알아!' 이렇게 생각하실 수 있습니다. 그래서 '아니야! 이번에는 진짜 내가 인정하는 완벽한 해석이야!'라는 의미로 하나님께서 열린 환상을 보여주셨다고 저는 생각합니다.

셋째로, 저의 성경연구와 설교의 중요성을 알려주시기 원하셨기 때문입니다.

많은 성도님들이 제 설교를 들으면서 '설교를 꼭 저렇게 해야 하나? 다른 목사님은 안 그러시는데, 왜 우리 목사님은 걸핏하면 어렵고 복잡한 설교를 하시지?'라고 생각하실 수 있습니다.

그러나 제 설교는 쓸데없이 지적이고 사변적이고 복잡한 것이 아닙니다. 진리를 옳게 분별하고 회복시켜서, 그것으로 교회를 개혁하고 그 결과 대부흥과 대추수가 일어나게 하여 허다한 영혼들을 구원하기 위해서 그런 설교가 꼭 필요해서 하는 것입니다. 반드시 필요하고 무한히 중요한 설교입니다. 그러므로 하나님께서 제가 하고 있는 성경연구와 설교가 얼마나 중요하고 가치 있는 것인지를 보여주기 위해 이런 열린 환상을 보여주신 것입니다.

하나님께서는 우리 교회의 모든 목회자와 성도님들이 그 중요성을 깨닫기를 원하십니다. 그리하여 진리를 더 사랑하고 사모하는 마음으로 설교를 초집중해서 듣고 모두 소화하기를 원하십니다. 이것이 박세훈 목사님에게 열린 환상을 보여주신 마지막 이유입니다. 그러므로 한 분도 빠짐없이 진리를 충분히 사랑하는 여러분 되시기 바랍니다. 할렐루야!!!

ⓑ 로마서 7장 9-10절은 정말로 바울의 유아 시절과 무관한가?

이것은 2024년 6월 4일 새벽에 깨달은 것이 아닙니다. 그로부터 몇 주 후인 6월 23일 주일설교를 마치고 수양관으로 가는 차 안에서 깨달은 것을 정리한 것입니다. 이것이 지금 이것을 설명하는 이유입니다.

먼저, 말씀드리고 싶은 것이 있습니다. 성경을 연구하다 보면 아무리 열심히 연구하고 파헤쳐도 해석할 수 없는 구절이 있습니다. 다른 구절이나 단락을 이해해야 비로소 해석이 가능한 것들이 있기 때문입니다. 그래서 성경을 연구하다 보면, 오랫동안 궁금해하고 미제로 있었던 다른 구절이 갑자기 이해가 되는 일이 일어납니다. 앞에서 설명한 5가지도 그렇지만 특별히 로마서 7장 9-10절이 그중 하나입니다.

저는 전에 『다이아몬드 같은 진리!』라는 책에서 이 구절들이 선악을 분별할 수 있기 전 바울의 어린 시절이라고 설명했습니다. 당시 저는 케네스 해긴 목사님의 견해에 동의하고 있었고, 그것이 맞든 틀리든 그 자체는 옳다고 생각했습니다. 또, 표현들이 이 해석과 맞아떨어지기 때문에 그것이 옳다고 생각했습니다. 그래서 대부분의 학자들이 부정함에도 불구하고 그 견해를 지지했습니다.

그런데 그로부터 많은 시간이 흘렀고, 다시 로마서 7장을 연구하게 되었습니다. 그러면서 저는 이 견해 자체는 옳지만 이 단락이 그것을 말하고 있는 것은 아니라고 생각했습니다. 왜냐하면 율법의 무능력, 즉 율법으로는 죄를 이기거나 말씀대로 살 수 없다는 내용이기 때문입니다. 그래서 '아이의 영이 몇 살까지 살아 있어 천국에 가고, 언제 책임 있는 선택을 할 수 있고 그대로 죽으면 지옥에 가는가?'가 주제가 아니라고 생각했습니다. '그런데 왜 어린 시절과 연결시키지? 이 단락의 문맥과 동떨어진 것이고 뜬금없다'고 생각했습니다. 그래서 저의 견해가 바뀌었습니다. 그러면서 저는 이 구절들을 잠정적으로 이렇게 이해했습니다.

로마서 7:8 "그러나 죄가 기회를 타서 계명으로 말미암아 내 속에서 온갖 탐심을 이루었나니 이는 율법이 없으면 **죄가 죽은**

것임이라.”

이 구절의 “죄가 죽은 것임이라”는 율법을 통해 탐심이 죄라는 것을 깨닫지 못했으면 탐심이 그렇게 강하지 않았을 것이라는 뜻입니다. 이 점에 착안해서, 저는 9절의 “전에 율법을 깨닫지 못했을 때에는 내가 살았더니 계명이 이르매 죄는 살아나고 나는 죽었도다”라는 표현이 전에는 상대적으로 내 맘대로 할 수 있었고 내가 살았었는데, 계명을 통해 탐심이 죄라는 것을 깨닫고 나서 죄는 살아나서 힘을 얻고, 나는 전보다 무력하게 된 것을 표현한 것이라고 보았습니다. 즉, '죄는 살아나고'는 죄가 강하게 활동하게 된 것을, ‘나는 죽었도다’는 이전보다 마음대로 행할 수 있는 자유와 힘이 위축되고 무력하게 된 것을 뜻한다고 보았습니다. 한마디로, 이 표현들이 절대적인 것이 아니라 상대적인 개념이라고 생각했습니다. 상당히 그럴듯하고 일리가 있지요!

그러고 있는 와중에, 본문의 해석이 바뀌었습니다. 많은 학자들이 오래전에 7장 7-25절이 율법 아래 있는 사람들의 상태를 묘사한 것이라는 것을 캐치했습니다. 그런데 거기서 더 나아가지 못했습니다. 그러나 저는 하나님의 은혜로 더 나아갔습니다. 율법 아래 있는 사람의 경험이긴 하나, 7-13절은 율법하에서의 초기의 경험이고, 14-25절은 그 이후의 지속적인 상태를 묘사한 것이라는 것을 깨달았습니다. 이것을 모르면 '율법의 무능에 대한 것인데, 왜 어린 시절에 대한 것이라고 하느냐?'며 이 견해를 거부할 수밖에 없습니다. 이것이 대부분의 학자들과 전에 제가 이 견해를 거부한 이유입니다.

그러나 새 해석이 완성됨에 따라, 저는 7-13절이 14-25절과 달리 율법하에서의 초기의 경험이라는 것을 알았습니다. 그러자 그 후 서서히 이런 생각들이 들기 시작했습니다.

'본문과 마찬가지로 이 단락은 율법 아래 있을 때의 바울의 상태를 묘사한 것이다. 그래서 그때를 30세 전후 바울이 성장한 때를 기준으로 생각하기 쉽다. 그러나 바울은 유대인이었고, 어릴 때부터 유대교에서 성장했다.

빌립보서 3:5 **"나는 팔일 만에 할례를 받고 이스라엘 족속이요 베냐민 지파요 히브리인 중의 히브리인이요 율법으로는 바리새인이요."**

바울은 어렸을 때부터 율법 아래 있었고, 디모데처럼 어려서부터 성경을 알았을 것이다. 그러므로 탐심이 죄라는 것을 깨달은 것이 어린 시절에 일어난 일일 수 있다. 또, 새 해석에 의하면 이 단락이 율법하에서의 초기의 경험을 기록한 것이다. 그런데, 전에 우리는 '율법 아래 있을 때의 상태인데 웬 어린 시절?' 이런 생각 때문에 이 견해를 부정했다. 그러나 이제는 개연성이 있고 거부할 이유가 없어졌다. 그러므로 이 단락이 율법의 무능력을 설명하고 있는 것은 맞지만, 실제로 어렸을 때의 경험일 수 있지 않을까? 이제는 그 해석이 가능한 것 아닌가? 새 해석을 통해 책임질 수 있는 나이라는 주제가 서로 일치하게 되었는데, 여전히 그때의 경험이 아니라고 볼 이유가 없지 않은가? 아무리 생각해도 그 해석이 옳은 것 같아!'

나중에 다시 설명하겠지만, 이 구절들을 해석하면서 왜 엉뚱하게 아담이 나옵니까? 그 이유는 아담이 아니면 이 구절들과 같은 표현이 불가능하기 때문입니다. 즉, 율법을 깨닫기 전에 영적으로 살아 있던 사람이 아담 외에는 없기 때문입니다. 그래서 아담을 소환한 것입니다. 그러나 새 해석 때문에 이 구절들을 바울의 어린 상태로 보는 것이 가능해졌습니다. 또, 바울의 어린 시절도 이 구절들에 나오는 표현들과 조화가 됩니다. 아담 못지않게, 아니 아담보다 더 이 구절들과 조화가 됩니다. 이처럼 본문의 새 해석을 통해서 보면 서로 관계가 있고, 충분히 개연성이 있습니다. 이제 그 해석을 마다할 이유가 없습니다. 그래서 저는 그날 차 안에서 이것이 맞는 해석이라는 확신이 들었습니다. 저는, 참으로 이것이 옳은 해석이라고 생각합니다.

그런데 과거와 달리 오늘날은 이 구절들을 이렇게 이해하는 학자들이 거의 전무합니다. F. F. 브루스는 이렇게 말했습니다.

> "이와 같이 자서전적인 해석이 과거에는 인정을 받았으나 오늘날은 일반적으로 인정을 받지 못하고 있다. 최근에 어떤 저술가는 그러한 해석을 가리켜 '터무니없는 해석들을 소장해둔 박물관 속으로 추방된 것'이라고 하였다."[27]

그런데 이렇게 외면당하던 해석이 신뢰할 수 있는 옳은 해석으로 되살아났습니다. 그 결과, 로마서 7장 전체에 대한 획기적인 해석이 이루어졌습니다. 결과적으로 본문에 대한 초유의 해석만 된 것이 아니라, 그것을 통해 7-13절에 대한 획기적인 해석까지 되어버린 것입니다. 이것은 갑절로 경이롭고 감사한 일입니다. 할렐루야! 하나님께 영광을 올려드립니다.

지금부터 『다이아몬드 같은 진리!』라는 책에서 로마서 7장 9-10절에 대해 설명한 것을 수정 보완해서 여러분에게 다시 설명해 드리겠습니다.

---

27 브래이크록, 브루스 『틴델주석 사도행전, 로마서』 나용화·권성수 옮김. 서울: 예수교문서선교회, 1980. p. 162.

- 로마서 7:8-9 "그러나 **죄가 기회를 타서 계명으로 말미암아 내 속에서 온갖 탐심을 이루었나니 이는 율법이 없으면 죄가 죽은 것임이라. 전에 율법을 깨닫지 못했을 때에는 내가 살았더니 계명이 이르매 죄는 살아나고 나는 죽었도다.**"

여기서, 중요한 것은 이것이 누구의 경험이냐? 는 것입니다. '나'는 누구인가를 파악해야 합니다. 학자들의 여러 가지 견해를 종합해보면, '나'는 1. 아담, 2. 이스라엘, 3. 바울 셋 중의 하나입니다. 그리고 판단할 수 있는 시금석은 9절에 나오는 네 가지 진술입니다.

첫째, "전에 법을 깨닫지 못할 때에는 내가 살았더니"
둘째, "계명이 이르매"
셋째, "죄는 살아나고"
넷째, "나는 죽었도다."

우리는 세 가지 중 어느 것이 이와 온전히 일치하는가를 살펴보아야 합니다. 그러므로 네 가지 시금석에 비추어 세 후보를 하나씩 살펴보도록 하겠습니다.

Ⓐ 아담

다수의 학자들이 이 구절들에 나오는 '나'가 아담이라고 생각합니다. 일례로, 케제만은 이렇게 말했습니다.

"(9-11절에서) 묘사되는 사건은 엄밀하게 아담만을 언급할 수 있으며 이 본문에서 아담에게 들어맞지 않는 것은 하나도 없고, 모든 것이 아담에게만 들어맞는다."[28]

던도 9절에서 아담을 언급하고 있다고 보는 것이 '거의 불가피하다'고 말합니다. 특히 "계명이 오기 전에 생명이, 계명이 온 후에는 죄와 사망이 왔다."[29]는 의미에서 그렇다고 말했습니다. 일리 있는 말이지요!

우리는 아담과 바울의 생애에서 '무죄, 계명, 범죄, 사망'이라는 똑같은 유형을 발견할 수 있습니다. 또, 존 스토트는 그 외에도 공통적인 여섯 가지 단계를 발견할 수 있다고 했습니다.

"첫째로, 바울이 말한 '전에 법을 깨닫지 못할 때에 … 살았던 것'은, 낙원에서 무죄한 상태로 살았던 시대에 해당될 수

28 존 스토트 『로마서 강해』 정옥배 옮김. 서울: 한국기독학생회출판부, 1996. p. 259. 재인용.
29 존 스토트 『로마서 강해』 정옥배 옮김. 서울: 한국기독학생회출판부, 1996. pp. 259-260. 재인용.

있습니다.

둘째로, '계명이 이르게' 된 것은, 하나님이 동산 중앙에 있는 나무의 실과는 먹지 말라고 아담과 하와에게 명하신 것을 들 수 있습니다.

셋째로, '죄가 살아나고 또한 기회를 타서 계명으로 말미암아'는, "죄(뱀)가 인간이 있기 전부터 동산 안에 있었지만 '먹지 말라'는 명령이 주어지기까지는 인간을 공격할 기회를 갖지 못하였음"을 의미할 수 있습니다.

넷째로, 죄가 자신을 '속였다'는 바울의 불평(11절)은 마귀가 자기를 꾀었다는 하와의 불평을 상기시킵니다.

다섯째로, 바울이 자신의 죄를 자각하게 된 계기는 탐심에 대한 금지명령이었는데(7-8절), 아담과 하와의 죄는 이와 비슷하게도 잘못된 욕망이 불러온 죄였습니다.

여섯째로, 하나님의 계명에 대한 불순종은 바울에게나(9, 11절) 아담에게나 죽음을 가져왔습니다."[30]

이처럼 로마서에 나오는 율법 - 죄 - 사망이라는 연쇄적 순서가 창세기에서도 그대로 드러납니다. 때문에 수많은 학자들이 이 단락에 나오는 '나'는 아담이라고 생각합니다.

---

30 존 스토트 『로마서 강해』 정옥배 옮김. 서울: 한국기독학생회출판부, 1996. p. 260.

그러나 이에 대한 반론도 만만치가 않습니다. 먼저, 바울은 창세기 기사를 인용하거나 '아담'이라고 하지 않고 계속 '나'라고 말했습니다. 하지만, 정말로 아담을 예로 들고자 했다면 '아담'이라고 하지 않았을까요? 그래서 존 스토트는 이런 결론을 내렸습니다.

> "바울은 분명 창세기 기사를 인용하는 것이 아니다. 두 기사에서 똑같이 나오는 말이라고는 '계명', '속이다', '죽음'이라는 단어뿐이기 때문이다. 바울이 의식적으로 아담과 하와를 암시하고 있는지는 훨씬 더 모호하다. 그는 그들을 언급하고 있지 않기 때문이다. 우리가 말할 수 있는 것이라고는 기껏해야 이 두 사람(아담과 바울)의 전기가 유사하다는 것뿐이다."[31]

또, 더글라스 무도 로마서 7장 전체에서 '율법'(노모스)은 모세의 율법인 토라를 가리키며, 따라서 그보다 오래전에 살았던 아담에 대해 언급한다고 보는 것은 시대착오적이라고 말하면서 아담이 아니라고 결론 내렸습니다.[32]

한 가지 더 생각해볼 수 있는 것은, 바울의 논의의 주제가

31 존 스토트 『로마서 강해』 정옥배 옮김. 서울: 한국기독학생회출판부, 1996. p. 260.
32 더글라스 J. 무 『NICNT 로마서』 손주철 옮김. 서울: 솔로몬, 2015. p. 589.

'사람이 범죄하는 것은 율법 자체가 아니라 그 안에서 왕 노릇 하고 있는 죄 때문'이라는 것입니다. 그 죄가 율법을 이용해서 범죄하게 만든 것입니다. 그러나 아담은 죄가 그 안에서 왕 노릇 하고 있지 않았습니다. 죄가 계명을 이용해서 범죄하게 한 경우가 아닙니다. 그러므로 본문의 '나'가 아담이라는 견해는 그럴듯하지만 옳은 것이 아닙니다.

Ⓑ 이스라엘

무는 이 구절들에 나오는 "나"가 이스라엘을 뜻한다고 주장합니다. 무도 타락 이전의 아담과 하와만이 "법이 없을 때는 내가 살았더니"라고 말하는 것이 가능하고, "계명이 이르매 … 나는 죽었도다."라고 말할 수 있고, 그 이후 모든 사람은 "허물과 죄로 죽은 '죄인'으로 태어난다."는 것을 인정합니다.[33] 그럼에도 불구하고 이스라엘이 율법을 받기 전에는, 오직 5장 13절의 의미, 곧 "죄가 율법이 있기 전에도 세상에 있었으나 율법이 없을 때에는 죄를 죄로 여기지 아니했다."는 의미에서 '법을 깨닫지 못할 때에는 … 살았다'고 칭할 수도 있다고 주장했습니다.

또한, 그는 유월절 때 각 유대인들이 이스라엘의 역사를

33 더글라스 J. 무 『NICNT 로마서』 손주철 옮김. 서울: 솔로몬, 2015. p. 590.

자기 자신의 역사로 재현했듯이 "유대인 각자가 자기 민족의 역사와 생생한 '법인적'(공동체적) 일체감을 가지고 있었다." 라고 지적합니다.[34] 그런즉 바울도 자신을 율법을 경험하던 이스라엘과 동일시하고 있었을 것이라는 것입니다. 그러므로 '나'가 이스라엘은 아니지만 이스라엘과 연대한(결속되어 있는) 바울을 뜻한다고 주장했습니다.[35]

그러나, 솔직히, 저는 무가 왜 이런 주장을 하는지 이해할 수가 없습니다. 그의 설명은 불가능합니다. 왜냐하면 그 전절과 후절에 그들에게 사망이 왔고 사망이 왕 노릇 했다고 분명히 기록되어 있기 때문입니다.

> 로마서 5:12-14 "그러므로 한 사람으로 말미암아 **죄가 세상에 들어오고 죄로 말미암아 사망이 들어왔나니 이와 같이 모든 사람이 죄를 지었으므로 사망이 모든 사람에게 이르렀느니라.** 죄가 율법 있기 전에도 세상에 있었으나 율법이 없었을 때에는 죄를 죄로 여기지 아니하였느니라. **그러나 아담으로부터 모세까지 아담의 범죄와 같은 죄를 짓지 아니한 자들까지도 사망이 왕 노릇 하였나니** 아담은 오실 자의 모형이라."

34 더글라스 J. 무 『NICNT 로마서』 손주철 옮김. 서울: 솔로몬, 2015. p. 592.

35 더글라스 J. 무 『NICNT 로마서』 손주철 옮김. 서울: 솔로몬, 2015. p. 593.

그러므로 이 견해 역시 바른 것이 아닙니다.

© 바울

이제, 남은 것은 바울뿐이고, 저는 이 구절의 "나"가 바울 자신이라고 생각합니다. 로마서의 저자는 누구입니까? 바울입니다. 그런데 "나"라고 썼습니다. 그러니 그것이 누구겠습니까? 바울일 수밖에 없습니다. 그러므로 "나"는 바울입니다.

그러나 더글라스 무는 이 구절들의 표현들이 아담에게만 어울린다고 주장했습니다.[36] 이것 때문에 "나"가 아담이라는 해석이 주류가 되었습니다. 그러나 그렇지 않습니다. 이 구절들의 표현들은 바울의 경험과도 일치합니다. 새 해석에 의하면, 7장 7-13절은 율법하에서의 초기의 경험을 나눈 것이고, 14-25절은 율법하에서의 지속적이고 현재적인 상태를 회상한 것이기 때문입니다. 그래서 7-13절에 대한 해석이 이 구절들이 책임질 수 있는 나이에 대한 것이라는 견해와 서로 조화됩니다. 그러므로 더 이상 아담을 끌어들일 필요가 없습니다. 따라서 마땅히 우리는 이 구절들을 바울의 어린 시절의 경험으로 이해해야 합니다.

그런데, 이 구절들에 대한 이런 해석은 의미가 큽니다. 왜

36 더글라스 J. 무 『NICNT 로마서』 손주철 옮김. 서울: 솔로몬, 2015. p. 590.

냐하면 본문에 대한 저의 해석이 옳았다는 것을 보여주기 때문입니다. 또한, 매우 흥미롭고 중요한 질문의 답을 제공해줍니다. 바로 갓난아기를 포함해서 선악을 분별할 수 없는 어린 아이들이 죽으면 어디로 가는가? 에 대한 답을 보여줍니다.

완전히 동의하는 것은 아니지만, 존 스토트도 이 구절들을 바울의 소년 시절의 경험으로 볼 수 있다고 했습니다.

> "어린 시절 순진무구할 때 즉 '법을 깨닫지 못할 때에는 … 살았었다.' 그가 열세 살이 되어, '계명의 아들'이 되고 자신의 행동에 책임을 지는 성인식을 했을 때 '계명이 이르렀다.' 그리고 그때 그의 '양심의 새벽'이 찾아오면서 '죄는 살아났다.' 그리고 사춘기의 반항으로 인해서 그는 하나님과 분리되었다. 즉 그는 '죽었다.' 이것은 그럴듯한 각본이다. 난 지 팔 일 만에 할례를 받고 '히브리인 중의 히브리인'으로 자란 유대 소년에게 '법을 깨닫지 못할 때'가 있었다고 생각하기는 힘들다는 점만 제외하고는 말이다. 이와 달리 그는 거의 태어날 때부터 계속 율법에 대한 가르침을 받았을 것이다. 그러므로 우리는 '법을 깨닫지 못할 때에는 살았다'는 말을, 그가 의식적으로 율법의 정죄 아래 이르기 전을 의미한다고 이해해야 할 것이다."[37]

37 존 스토트 『로마서 강해』 정옥배 옮김. 서울: 한국기독학생회출판부, 1996. pp. 258-259.

또, 실제로 이 견해를 지지하는 학자들도 있습니다. 다드(Dodd), 낙스(Knox), 바렛(Barrett), 미첼(Michel), 브루스(Bruce), 건드리(Gundry)[38] 등입니다. 그중의 몇 가지를 여러분에게 소개해 드리겠습니다.

먼저, C. K. 바렛은 이 구절들에 대해 이렇게 설명했습니다.

"어릴 적의 순수함 가운데서 있었던 바울은 살아 있었다고 볼 수 있다. 죽음은 죄의 결과이기에(6:23), 그 초기 시절에는 죽음을 초래하는 죄가 없었다. 생명은 하나님께로부터 온 것이고, 그 어린아이와 하나님 간의 자연적이고 본능적인 교감을 막을 것은 아무것도 없었다. 하지만 어느 날 그 유대인 소년이 '계명의 아들'(바르 미츠바)이 되는 순간이 온 것이다. 그는 이제 법 앞에서 책임을 져야 했던 것이다. 이 새로운 법적 책임과 함께 소년의 경험에 죄라는 것이 자리 잡게 된 것이다. 그의 시야에 금지된 세상이 놓인 것이고, 그는 그곳 가운데로 들어가고 싶어 했다. 자신의 욕망을 충족시키고 싶어 했고, 자신의 삶에 달갑지 않은 규제를 놓는 하나님에게서부터 독립하고 싶어 했다. 이것이 죽음이었다."[39]

38 제임스 던 『로마서(상)』 김철·채천석 옮김. 서울: 솔로몬, 2013. p. 652.

39 C. K. Barrett 『*The Epistle to the Romans*』 Rev. ed., Black's New Testament Commentary. London: Continuum, 1991. p. 134. 참고로, 바렛은 이 구절들을 아담과 바울 둘 다에 해당되는 것으로 보았다.

또, C. H. 다드는 이 구절들을 이렇게 설명했습니다.

"'전에 율법을 깨닫지 못했을 때에는 내가 살았더니'라고 바울이 말한다. 이 사실을 최대한 표현하려면 영어에서 '살았다'보다 더 강한 단어가 필요하다. 왜냐하면 '살았다'는 표현은 단지 시간을 보냈다는 것에 불과하기 때문이다. 하지만 바울이 말하고자 하는 것은 '내가 살아 있었다' - '나의 생을 스스로 살았다,' 즉 모든 능력과 기능을 다해 살았다는 것이다. 그는 행복한 어린 시절을 설명하는 것이다. … 진학하기 전에, 부모의 권위에 압도당하기 전에, 골칫거리인 양심이 깨어나기 전에 말이다."[40]

또한, F. F. 브루스는 이 구절들을 이렇게 설명했습니다.

"율법이 죄를 자극하는 것이라고 했는데 이런 원리가 바울 자신의 경험에서는 어떻게 나타났는가? 바울은 옛날에 죄의식이 없었다고 했다. 과거에는 율법을 잘 알지 못했다는 것이다. 그는 태평한 생활을 했다는 것이다. 그러나 '감옥의 그늘이

40 C. H. Dodd 『*The Epistle of Paul to the Romans*』 ed. James Moffatt, The Moffatt New Testament Commentary. New York: Harper and Brothers Publishers, 1932. pp. 110-111.

자라나는 소년 위에 드리워지기 시작한다.' 바울이 율법을 지켜야 할 의무를 스스로 짊어져야 할 때가 온 것이다. 아마 '계명의 아들'(bar mitzwah)이라고 하는 의식을 계기로 하여 그렇게 되었을 것이다. 그렇지 않다면 그런 의식의 직전과 직후 어떤 기간이 계기가 되었을 것이다."[41]

마지막으로, 우리가 존경하는 케네스 해긴 목사님도 이 구절들을 같은 의미로 이해했습니다. 『하나님의 은사와 부르심』이라는 책에 보면 **"책임질 수 있는 나이"**라는 흥미로운 장이 있는데, 그곳에 이런 간증이 있습니다.

"성경은 거듭난 사람들만이 천국에 간다고 말합니다. **어린 아기가 죽으면 어떻게 됩니까? 그 어린 아기는 거듭나지 않았습니다. 그러면 그들은 어디로 갈까요?**

나의 어머니는 맏딸이었는데, 어머니의 몇 살 아래 남동생이 막 아홉 살이 될 무렵에 죽었습니다. 때는 1900년 이전이었고 당시 어머니의 가족은 시골에서 살았습니다. 드레이크(Drake)라는 이름을 가진 외할아버지는 시골 상점을 운영하고 있었는데 나중에 농장이 되었습니다. 그곳에는 교회가 없

41 브래이크록, 브루스 『틴델주석 사도행전, 로마서』 나용화·권성수 옮김. 서울: 예수교문서선교회, 1980. p. 161.

었습니다. …

어린 어니스트(Ernest: 어머니의 남동생)는 물 침례를 받은 적이 없고, 어떤 종류의 믿음의 고백도 해본 적이 없었습니다. 그가 죽던 해에 외할아버지는 집의 한쪽에다 목화를 심었습니다. 외할아버지의 상점은 구식 시골 가게였는데, 집의 다른 쪽에 있었습니다. 외할아버지는 토요일에는 항상 정오에 가게 문을 닫았습니다. 외할머니는 점심을 차리셨고 그들은 식탁에 앉아 점심을 먹었습니다. 나의 어머니는 당시 열한 살이었고 어니스트는 막 아홉 살이 될 무렵이었습니다.

외할머니가 창밖을 보면서 말했습니다. '어니스트야, 네가 마음으로 원하던 것을 갖게 될 거야. 우리는 월요일 아침에 목화를 딸 거란다.'

어니스트는 '아니요, 엄마, 저는 아니에요.'라고 대답했습니다.

어니스트는 늘 착하고 순종적인 아이였기에 그가 '아니요, 저는 아니에요.'라고 말하자, 모두 놀랐습니다.

'아가야, 왜?'라고 외할머니가 물으셨습니다. '뭐 때문에 그렇게 말하니?'

어니스트가 말했습니다. '저는 예수님과 함께 저곳에 있게 될 거예요.' 그리고는 하늘을 가리켰습니다. 그들은 어니스트의 말에 깜짝 놀랐습니다. 그리고 월요일이 되었을 때, 어니스트는 예수님과 함께 있기 위해 하늘로 갔습니다.

> 어니스트가 한 번도 어떤 종류의 믿음의 고백을 한 적이 없다는 사실이 늘 외할머니를 괴롭혔습니다. 외할머니는 어니스트의 구원에 대해 걱정했습니다. 왜냐하면 그녀가 다녔던 교회에서는 물 침례를 받지 않으면 구원받지 못한다고 가르쳤기 때문입니다. 그런데 어니스트는 한 번도 물 침례를 받지 않았던 것입니다.
>
> **그러나 어니스트의 영은 여전히 하나님께 대하여 살아 있었습니다.** 왜냐하면 그는 본향에 언제 갈지를 알았기 때문입니다. 당신은 그가 어디로 갔는지 아십니까? **어니스트는 어디로 갈지를 미리 그들에게 말해주었습니다. 그의 영은 하나님께 대하여 살아 있었습니다.**
>
> **조만간 아이는 책임질 수 있는 나이에 도달합니다. 보통은 아홉 살에서 열두 살까지가 해당됩니다. 경우에 따라서는 좀 더 어릴 수도 있습니다. 아이의 지적 능력, 환경, 영향력, 특히 자라온 배경에 따라 그렇습니다."**[42]

하나님은 사랑이십니다. 선하신 분입니다. 좋으신 하나님입니다. 그래서 저는 이 해석을 좋아합니다. 그리고 이 해석이 옳다고 믿습니다. 케네스 해긴 목사님도 우리가 다루고 있는

---

42 케네스 E. 해긴 『하나님의 은사와 부르심』 김진호 옮김. 용인: 믿음의 말씀사, 2013. pp. 31-34.

구절들이 이것을 기록하고 있다고 생각했습니다. 그래서 이 간증을 소개한 후 자신의 경험을 곁들여 이렇게 말했습니다.

"바울은 이 부분에 대해 로마서 7:9에서 매우 흥미로운 것을 말합니다. '전에 율법을 깨닫지 못했을 때에는 내가 살았더니' 바울은 육체적으로 살아 있는 것에 대해 말하지 않았을 것입니다. 왜냐하면 그는 이후로도 육체적으로는 살아 있었기 때문입니다. 그렇다면 바울이 말하고 있는 것은 무엇일까요? 그는 '전에 율법 없이도' 영적으로 살아 있던 것에 대해 말하고 있는 것입니다.

로마서 7:9은 이어서 다음과 같이 말합니다. '계명이 이르매 죄는 살아나고 나는 죽었도다.' 계명이 왔을 때 바울은 육체적으로 죽지 않았습니다. 왜냐하면 그는 여전히 살아서 로마의 교인들에게 편지를 쓰고 있었기 때문입니다.

그렇다면 바울은 무엇을 말하고 있습니까? 바울은 율법 없이도 그가 하나님께 대하여 살아 있다는 사실을 말하고 있는 것입니다. 그러나 계명이 오자, 즉 그가 책임질 수 있는 나이가 되어 옳고 그름의 차이를 알게 되자 죄가 살아났습니다. 바울이 말한 '죄가 살아났다'(sin revived)는 말은 무슨 뜻일까요? 죄의 본성(어떤 사람들은 '원죄'라고도 함)이 항상 그의 육신 안에 있었다는 말입니다. 그 죄의 본성이 살아나자 바울은 영적으로 죽었습니다. 다시 말해, 그가 그의 영적인 생명을 잃어버렸다는 말입니다.

나는 그런 일이 나에게 언제 일어났는지 알고 있습니다. 아홉 살 때였습니다. 계명이 오자, 죄가 살아났고, 나는 '죽었습니다.' 이 말이 내가 더 이상 존재하지 않았다는 말입니까? 절대로 그렇지 않습니다! 바로 이것이 사람들이 용어에 있어 혼란을 겪는 부분, 특별히 '영적인 죽음'이라는 어구와 매우 혼동하는 부분입니다. 사람들은 '죽음'이라는 어구를 들을 때 그것을 육체적인 죽음(physical death)으로 해석합니다. 그러나 그것은 여기에서 말하는 죽음이 아닙니다.

바울은 더 이상 존재하지 않는다는 의미에서 죽었다고 말하지 않았습니다. 그렇다면 바울이 말한 의미는 무엇일까요? 바울이 한 말의 의미는 그의 영이 더 이상 하나님께 대하여 살아 있지 못했다는 것입니다. 나의 영 또한 아홉 살부터 내가 구원받은 열다섯 살까지 하나님께 대하여 살아 있지 못했습니다. 내가 거듭난 순간, 나의 영이 다시 하나님께 살아났고, 부르심은 바로 거기에 있었습니다."[43]

저는 이 말에 동의합니다. 그리고 실제로 이 구절들이 이

43 케네스 E. 해긴 『하나님의 은사와 부르심』 김진호 옮김. 용인: 믿음의 말씀사, 2013. pp. 34-36.

런 의미라고 생각합니다. 그런데, 어떤 분들은 이렇게 질문할 것입니다.

“그러나 이방인들은 율법의 계명을 통해 죄를 깨달을 수가 없습니다. 그들은 어떻게 되는 것입니까? 그들에게는 해당이 안 되는 것일까요?”

물론 이방인도 예외가 아닙니다. 왜냐하면 그들도 성장하면서 이성이나 양심이 발전하고 제 기능을 하게 되기 때문입니다. 율법이 아니어도 이성과 양심과 도덕률을 통해 죄를 깨닫고 자신의 결정에 책임질 수 있는 나이가 됩니다(롬 2:14-16). 그래서 전에는 영이 살아있고 천국에 가지만, 그 후에는 거듭나지 않으면 천국에 갈 수가 없습니다. 이처럼 이방인에게도 동일한 전환점이 옵니다. 그러므로 이것은 전 인류에게 해당이 되는 참 진리입니다.

한편, 제가 이것을 깨닫고 설교로 준비하기 전 몇몇 목회자들과 나눴을 때, 허작 목사님이 감탄하며 이렇게 말했습니다.

“아, 이것은 참으로 해석이 불가능한 난제인데 … 이것이 이렇게 풀리다니 … 이것은 난제 중의 난제입니다! 다윗의 아들의 죽음을 소재로 아기들이 죽으면 어디로 가는가? 쟁

론이 되곤 하는 신학적인 난제입니다! 예전에 저도 연구를 해봤는데, 신자의 자녀들이 죽으면 천국에 가고 불신자의 자녀가 죽으면 지옥에 간다는 이론도 있었고, 지옥에 간다는 것도 있고, 천국에 간다는 것도 있고, 여러 가지 견해가 있는 참으로 결론을 내리기 힘든 난제입니다!"

그래서 제가 그 말을 듣고 바로 이렇게 말했습니다.

"이것은 칼빈주의의 영향을 받은 목사들과 신학자들이 난제라고 생각할 뿐, 실제로는 난제가 아닙니다. 왜냐하면 입신간증들을 다 믿을 수 있는 것은 아니지만, 신뢰할 수 있는 입신간증들 중에 이에 대한 간증이 엄청 많습니다. 불신자지만 어떤 아이는 죽어서 천국에 가 있고, 어떤 아이는 책임질 수 있는 나이가 지났기 때문에 지옥에 가 있는 것을 보았다는 간증이 그것입니다. 또, 회교 국가들에서 어른들은 천국에 온 사람이 거의 없고 일찍 죽은 아이들만 천국에 와 있는 것을 본 간증도 있습니다.

상식적으로 생각해보세요! 하나님께서 왜 예수님을 이 땅에 보내셨습니까? 우리를 구원하기 위함입니다. 그런데 예수님께서 어린아이들의 죄는 안 짊어지고 가셨나요? 책임질 수 없는 나이의 어린아이들의 죄를 안 짊어지셨나요? 짊어지셨습니다. 주님은 전 인류의 죄를 다 짊어지셨습니다. 그런데도 다 구원을 못하는 이유가 무엇입니까? 사람이 자기 의지로 하나님의 구원하는 은혜에 반항하므로 헛되게 하기 때문입니다. 즉, 마음이 가난하지 않고 완악하고 완고하고 강퍅해서 믿지 않거나 불순종하기 때문입니다. 이것이 아니라면 하나님이 독생자까지 보내셔서 구원하기 원하시는데 모두 구원 못 할 이유가 없습니다.

그런데 선악을 분간할 수 없는 어린아이들은 자기 선택에 책임질 수 없는 나이입니다. 때문에 그 아이들을 구원하지 못할 이유가 없습니다. 그러므로 당연히 구원받는다고 생각해야지 왜 구원받지 못한다고 생각합니까? 그것은 '절대주권' 운운하며 누구는 구원받도록 선택하고 누구는 유기했다는 잘못된 교리의 영향으로 생각이 삐뚤어져서 하나님의 사랑을 오해하기 때문입니다. 그러므로 어린아이들의 구원 문제는 실제로는 전혀 난제가 아닙니다.

한 가지 더 예를 들면, 로마서 8장에 나오는 몸의 속량이 그것입니다. 몸의 속량은 자유의지로 복음과 진리에 바르게 반응한 신자들에게 일어납니다. 즉, 참 신자들에게만 일어납니다. 그러나 만물이 자유케 되는 것은 다릅니다. 모든 자연만물이 영광의 자유에 이르게 됩니다. 자연의 경우, 꼭 그 나무와 그 동물이 영광의 자유에 이르게 되지는 않습니다. 왜냐하면 사람은 영원하지만 그들은 영원한 존재가 아니기 때문입니다. 때문에 사람은 회개하고 믿는 그 사람이 영화가 되지만, 동식물은 그 동식물은 아니지만 아무튼 모두 영광의 자유에 이릅니다. 왜냐하면 도덕적인 책임이 없기 때문입니다.

그런데, 어린아이도 그와 같은 상태입니다. 도덕적인 책임이 없기 때문에, 마치 식물 같은 상태이고 동물 같은 상태입니다. 그런데 왜 그들이 지옥에 간다고 생각합니까? 조건이 똑같지 않나요. 그런데 왜 동식물은 안 버리는데 그것보다 무한히 귀한 어린아이는 버릴 것이라고 생각합니까? 그것은 잘못된 생각입니다. 그러므로 당연히 그들은 천국에 갑니다."

마지막으로, 이 해석에 근거해서 몇 말씀 드리고 싶습니다. 신명기 1장 39절에는 이렇게 기록되어 있습니다.

> "또 너희가 사로잡히리라 하던 너희의 아이들과 당시에 **선악을 분별하지 못하던 너희의 자녀들**도 그리로 들어갈 것이라."

묻겠습니다. 선악을 분별하지 못하는 아이들(신 1:39)에게 죄를 물을 수 있습니까? 세상 법정에서도 아주 어린 아이들은 처벌하지 않습니다. 하나님도 마찬가지입니다. 왜냐하면 자기 행동에 책임질 수 있는 나이가 아니기 때문입니다.

그러나 선악을 분별할 수 있을 정도로 자란 아이들은 다릅니다. 때문에 어려도 스스로 회개하고 예수님을 영접해야 합니다. 그래야 지옥을 피할 수 있습니다. 때문에 우리는 어른들뿐 아니라 어린아이에게도 복음을 전해야 합니다. 특히, 여러분의 자녀들에게 복음을 전하십시오. 말로 전하기 어려우면 『당신의 영원을 어디서 보낼 것인가?』와 『노후준비보다 중요한 사후준비!』를 비롯, 전도용으로 쓴 제 책들을 돈을 주어서라도 꼭 읽게 하십시오.

또, 우리가 명심해야 할 것은 우리가 자기 선택에 책임을 져야 한다는 사실입니다. 왜냐하면 우리는 선악을 분별할 수 없는 나이가 지났기 때문입니다. 그러므로 우리 모두 반드시 자기가 한 생각과 말과 행동에 대해 책임을 져야 합니다. 그 책임을 묻는 것이 바로 심판입니다. 그런데 과연 이에 대한 무거운 책임감을 가지고 살고 있습니까? 만약 그렇지 않다면 이 시간 회개하고 돌이키는 저와 여러분이 되시기를 바랍니다.

또한, 우리가 생각해 보아야 할 것은 회교국가뿐 아니라 종교의 자유가 있는 우리나라에 태어난 저와 여러분도 믿고 바르게 신앙생활 하지 않으면 어릴 때 죽지 않은 것이 복이 아니라는 것입니다. 오히려 어릴 때 불치의 병이나 끔찍한 사고로 죽지 않은 것이 자기에게 화입니다. 왜냐하면 아무리 건강하고 오래 살아도 죄 가운데 살다가 영원한 지옥 불에 던져지는 것이 가장 큰 저주이기 때문입니다. 제가 이에 대해 깨달을 때, 욥이 생각났습니다. 욥은 큰 고난들을 당하면서 어려서 죽지 못한 것을 한탄했습니다.

욥기 3:11-12 **"어찌하여 내가 태에서 죽어 나오지 아니하였던가? 어찌하여 내 어머니가 해산할 때에 내가 숨지지 아니하였던가? 어찌하여 무릎이 나를 받았던가? 어찌하여 내가 젖을 빨았던가?"**

그런데 욥이 당한 고난이 아무리 커도 지옥 형벌만 하겠습니까? 우리가 올바로 신앙생활 하지 않으면 욥보다 7배나 더 탄식하게 될 것입니다. 또, 욥의 탄식은 일시적이었지만 영원히 탄식하게 될 것입니다. 곧, 어렸을 때 미혼모에게 버려져서 쓰레기통에서 죽지 않고, 불이 나서 타죽지 않고, 질병이나 교통사고나 동물에게 물려 끔찍하게 죽지 않은 것을 아쉬워하며 영원히 지옥 불 속에서 탄식하게 될 것입니다. 그러므로 정신을 바짝 차리고 똑바로 신앙생활을 해야 합니다.

한편, 달랑 혼자만 지옥 불에 던져지지 않으면 되겠습니까? 우리 자녀와 부모와 형제와 친척과 이웃도 지옥에 가면 절대 안 됩니다. 그러므로 우리 모두 담대히 복음을 전하고 그 영혼들을 위해 날마다 끊임없이 간절히 기도해야 합니다.

거룩한진주의 도서들 1

변승우 목사의 저서

목사님, 십자가 강도의 구원이 궁금해요!
변승우 | 신4.6판 | 52면 | 6,000원

내가 너희에게 복을 주리라!
변승우 | 신국판 | 120면 | 9,000원

우리가 죽을 때까지 초점 맞춰야 할 4가지!
변승우 | 신4.6판 | 56면 | 5,500원

신앙생활 완벽 가이드
성령의 세 가지 인도!
변승우 | 신국판 | 240면 | 13,000원

더 높은 차원으로 부르시는 하나님!
변승우 | 신국판 | 168면 | 12,000원

신자들이 섬기는 세 가지 우상!
변승우 | 신국판 변형 | 80면 | 7,000원

저자가 쓴 130권 중 대표작!
개신교의 아킬레스건이 된 칭의의 교리
변승우 | 신국판 | 440면 | 23,000원

한국 교회, 개혁 외에는 답이 없다!
쇼킹! 한기총회장과 사무총장의 돈 요구!
변승우 | 신국판 | 188면 | 12,000원

특별기획
다문화TV 초대석 - 인터뷰 전문
사랑하는교회 변승우 목사
변승우 | 신국판 변형 | 64면 | 7,000원

엄선한 천국지옥 방문기!
당신의 영원을 어디서 보낼 것인가?
변승우 편저 | 신국판 | 276면 | 13,000원

영과 혼의 궁금증이 풀리다!
너 자신을 알라!
변승우 | 신국판 | 496면 | 25,000원

저자가 쓴 125권 중 대표작!
당신의 복음은 바울의 복음인가?
변승우 | 신국판 | 532면 | 22,000원

사랑하는 사람을 구원하는 책!
노후준비보다 중요한 사후준비!
변승우 | 신국판 | 184면 | 12,000원
큰글씨 | 신국판 | 232면 | 13,000원

하나님 아빠 아버지!
변승우 | 신국판 변형 | 84면 | 7,000원

우리 산상수훈과 함께 다시 시작해요!(중)
나는 바리새인보다 나은 의를 가지고 있는가?
변승우 | 신국판 | 512면 | 20,000원

유대교의 전철을 밟고 있는 개신교!
변승우 | 신국판 변형 | 80면 | 6,000원

우리 산상수훈과 함께 다시 시작해요!(상)
나는 팔복의 사람인가?
변승우 | 신국판 | 524면 | 20,000원

중심이 미래를 좌우한다!
변승우 | 신국판 | 120면 | 7,000원

은사 사역 필독서!
너희는 더욱 큰 은사를 사모하라!
변승우 | 신국판 | 272면 | 12,000원

이 책 한 권이면 계시록이 보인다!
하나님의 어리석음이 사람보다 지혜롭다!!!
변승우 | 신국판 | 848면 | 33,000원

지옥에 가는 크리스천들
(수정증보판)
변승우 | 신국판 | 424면 | 12,000원

터
변승우 | 신국판 | 292면 | 9,000원

정경의 권위
변승우 | 신국판 | 160면 | 7,000원

다이아몬드 같은 진리!
변승우 | 신국판 | 488면 | 16,000원

예정론의 최고난제:
토기장이의 비유 풀이!
변승우 | 신국판 | 244면 | 12,000원

능력으로 관통되는 복음!
변승우 | 신4.6판 | 76면 | 5,000원
큰글씨 | 신국판 변형 | 84면 | 6,000원

이기는 자가 가는 나라!
변승우 | 문고판 | 48면 | 3,000원
큰글씨 | 신국판 변형 | 56면 | 4,000원

한 가지!
변승우 | 신국판 변형 | 112면 | 6,000원

십일조 대논쟁!
변승우 | 신국판 | 144면 | 7,000원

길
변승우 | 신국판 | 228면 | 7,000원

열방을 위한 하나님의 전략!
변승우 | 신국판 | 184면 | 9,000원

정통보다 더 성경적인 교회!
변승우 | 신국판 | 180면 | 8,000원

하나님의 집인가? 귀신의 집인가?
변승우 | 신국판 변형 | 84면 | 5,000원

당신의 자녀를
하나님의 자녀가 되게 하라!
변승우 | 신국판 변형 | 108면 | 5,000원

참으로 하나님의 은혜를
깨달은 날부터!
변승우 | 신국판 변형 | 64면 | 4,500원

사랑하는교회에 뿌리를 내려라!
변승우 | 신4.6판 | 80면 | 6,000원

제7차 아프리카 선교 보고
오늘도 살아 역사하시는 하나님!
변승우 편저 | 신국판 변형 | 92면 | 7,000원

"아이고 집사님, 아이고 권사님,
아이고 목사님이 왜 지옥에 계시나요?"
신국판 변형 | 52면 | 5,000원

아프리카 선교 현장에서
사도행전이 재현되다!
신4.6판 | 56면 | 3,500원

주님, 이 구절은 무슨 뜻인가요?
변승우 | 신4.6판 | 132면 | 6,500원

강남 사는 이작골 스타일 목사의
산소 같은 산행일기 3
변승우 | 4.6배판 변형 | 328면 | 17,000원

부에 대한 균형 잡힌 가르침!
변승우 | 신국판 | 160면 | 8,000원

사랑하는교회는 어떤 교회인가?
변승우 | 신국판 변형 | 108면 | 6,000원

거룩한진주의 도서들 2

강남 사는 이작골 스타일 목사의
산소 같은 산행일기 2
변승우 | 4.6배판 변형 | 292면 | 16,500원

해 아래 가장 명백한 진리!
(복음전도용)
변승우 | 문고판 | 24면 | 1,000원
큰글씨 | 신국판 변형 | 24면 | 2,000원

오직 기독교가 길이요 진리요 생명이다!
변승우 | 문고판 | 40면 | 2,000원
큰글씨 | 신국판 변형 | 48면 | 3,000원

성경이 흔들리면 기독교가 무너진다!
변승우 | 신국판 | 164면 | 7,000원

평생 되새겨야 할 가장 중요한 진리!
변승우 | 신국판 변형 | 104면 | 7,000원

동성애 쓰나미!
변승우 | 신국판 | 328면 | 13,000원

믿음의 말씀 바로 알기!
변승우 | 신국판 변형 | 168면 | 8,000원

스카이(SKY)보다 크신 하나님!
변승우 | 신4.6판 | 76면 | 5,000원

하나님께 나아가자!
변승우 | 신국판 변형 | 92면 | 6,000원

하나님의 시선을 끄는 겸손!
변승우 | 신4.6판 | 48면 | 4,000원

땅에 떨어지는 예언들!
변승우 | 신국판 | 216면 | 11,000원

믿음으로 자백하라!
변승우 | 신국판 변형 | 160면 | 7,000원

전염병 경보 발령!
변승우 | 신국판 변형 | 84면 | 5,000원

사랑하는교회 (舊 큰믿음교회)
이단시비 종결되다!
변승우 편저 | 신국판 | 196면 | 6,000원

교회를 허무는 마귀의 교리
은사중지론!
변승우 | 신4.6판 | 60면 | 6,000원

당신의 고백을 점검하라!
변승우 | 신국판 변형 | 64면 | 4,000원

종말론 바로 알기!
변승우 | 신국판 변형 | 88면 | 4,500원

아~ 믿으라는 말이 이런 뜻이었구나?
변승우 | 신국판 변형 | 96면 | 5,000원

알면 사랑할 수밖에 없는 하나님
변승우 | 신4.6판 | 40면 | 2,000원

하나님이 주신 비전!
변승우 | 신4.6판 | 136면 | 4,000원

?
변승우 | 신국판 | 312면 | 11,000원

하나님의 부르심
변승우 | 신4.6판 | 60면 | 2,500원

하나님의 선물
변승우 | 신4.6판 | 128면 | 4,000원

크리스천의 문화생활
변승우 | 신4.6판 | 64면 | 2,500원

사랑받고 사랑하는 사람!
변승우 | 신4.6판 | 120면 | 4,000원

강남 사는 이작골 스타일 목사의 산소 같은 산행일기
변승우 | 4.6배판 변형 | 312면 | 16,500원

성경이 무엇을 말하느냐?
변승우 | 신국판 변형 | 168면 | 5,000원

나는 행복합니다
변승우 | 신4.6판 | 124면 | 4,000원

박해
변승우 | 신국판 변형 | 140면 | 5,000원

과부 명부!
변승우 | 신4.6판 | 120면 | 2,500원

멍에
변승우 | 신국판 | 200면 | 5,000원

하나님이 절대주권으로 예정하셨다고요?
변승우 | 신국판 | 296면 | 8,000원

대질심문
변승우 | 신국판 | 324면 | 6,000원

천국의 가장 작은 자가 어떻게 세례 요한보다 클 수가 있나?
변승우 | 신국판 변형 | 96면 | 3,000원

계시
변승우 | 신국판 | 124면 | 4,000원

자의식 대수술!
변승우 | 신국판 | 184면 | 4,500원

종교개혁보다 나를 개혁하는 것이 더 중요하다!
변승우 | 신국판 | 348면 | 9,000원

내가 너희를 사랑한 것같이!
변승우 | 신국판 | 200면 | 4,500원

예언을 멸시하지 말라!
변승우 | 신국판 | 190면 | 5,000원

올바른 성경 읽기
변승우 | 신국판 | 120면 | 6,000원

청년이 무엇으로 그의 행실을 깨끗하게 하리이까?
변승우 | 신국판 | 104면 | 5,000원

푯대
변승우 | 신국판 | 184면 | 5,000원

용서는 나를 위한 것이다!
변승우 | 신국판 | 114면 | 4,000원

종교개혁은 아직 끝나지 않았다!
변승우 | 신국판 | 148면 | 5,500원

주께서 보여주신 선(善)
변승우 | 신국판 | 118면 | 4,500원

할렐루야!
변승우 | 신국판 | 148면 | 4,500원

기름부음 받은 자를 존중하라!
변승우 | 신국판 | 98면 | 7,000원

미혹
변승우 | 신국판 | 136면 | 7,000원

내가 꿈꾸어온 교회
변승우 | 신국판 | 148면 | 4,000원

교회여~ 추수꾼들을 일으켜라!
변승우 | 신국판 | 142면 | 7,000원

거룩한진주의 도서들 3

습관적인 죄에 대한 새로운 이해!
변승우 | 신국판 | 112면 | 7,000원

예수님이 전부입니다!
변승우 | 신국판 | 114면 | 7,000원

하나님은 용기 있는 사람을 쓰신다!
변승우 | 신국판 | 128면 | 5,000원

주의 음성을 네가 들으니!
변승우 | 신국판 | 128면 | 8,000원

실전 영분별
변승우 | 신국판 | 172면 | 9,000원

여호와의 산, 그 거룩한 곳!
변승우 | 신국판 | 112면 | 4,000원

1세기의 사도와 오늘날의 사도
변승우 | 신국판 | 161면 | 5,000원

장로 그리고 당회는 과연 성경적인가?
(수정증보판)
변승우 | 신국판 | 112면 | 5,000원

패러다임의 전환이 필요한
전통적인 계시관
변승우 | 신국판 | 176면 | 5,000원

날 사랑하심! 날 사랑하심~
변승우 | 신국판 | 176면 | 9,000원

교회가 변하면 세상이 변한다!
변승우 | 신국판 | 250면 | 7,000원

월드컵보다 더 중요한 경기
변승우 | 신국판 변형 | 130면 | 3,500원

말씀 말씀 하지만
성경에서 벗어난 제자 훈련
변승우 | 신국판 변형 | 183면 | 5,000원

긴급수혈
변승우 | 신국판 변형 | 73면 | 5,000원

그 시에 주시는 그 말을 하라!
즉흥 설교 제5권
변승우 | 신국판 변형 | 264면 | 7,000원

그 시에 주시는 그 말을 하라!
즉흥 설교 제4권
변승우 | 신국판 변형 | 292면 | 7,000원

그 시에 주시는 그 말을 하라!
즉흥 설교 제3권
변승우 | 신국판 변형 | 293면 | 7,000원

그 시에 주시는 그 말을 하라!
즉흥 설교 제2권
변승우 | 신국판 변형 | 305면 | 7,000원

그 시에 주시는 그 말을 하라!
즉흥 설교 제1권
변승우 | 신국판 변형 | 304면 | 7,000원

양신역사
변승우 | 신국판 변형 | 147면 | 7,000원

명목상의 교인인가? 미성숙한 신자인가?
변승우 | 신국판 변형 | 84면 | 5,000원

정통의 탈을 쓴 짝퉁 기독교
변승우 | 신국판 변형 | 295면 | 5,500원

예수빵 (개정판)
변승우 | 신국판 변형 | 116면 | 7,000원

가짜는 진짜를 핍박한다!
변승우 | 신국판 변형 | 163면 | 5,500원

구원에 이르는 지혜
변승우 | 신국판 변형 | 104면 | 4,500원

꺼져가는 등불, 양심
변승우 | 신4.6판 | 87면 | 2,500원

열방이 너희를 복되다 하리라!
변승우 | 신4.6판 | 77면 | 4,000원

하나님의 인자와 엄위 그 가운데
생명의 좁은 길이 있습니다!
변승우 | 신4.6판 | 156면 | 4,000원

여호와의 입에서 나오는 말씀
변승우 | 신국판 | 268면 | 10,000원

특별히 예언을 하려고 하라!
변승우 | 신국판 | 314면 | 9,000원

목사님, 어떻게 해야
마음이 청결한 자가 될 수 있나요?
변승우 | 문고판 | 90면 | 2,000원

좋은 씨와 맑은 물
변승우 편저 | 신국판 | 300면 | 5,000원

진짜 구원받은 사람도
진짜 버림받을 수 있다!
변승우 | 신국판 | 360면 | 13,500원

Am I a Person of the Beatitudes?
나는 팔복의 사람인가? [영문]
변승우 | 신국판 | 528면

A Book That Will Save The Ones We love
An Afterlife Plan More Important
Than One's Retirement Plan!
노후준비보다 중요한 사후준비! [영문]
변승우 | 신국판 | 164면

The Book of Acts Reenacted
: Missions in Africa!
아프리카 선교 현장에서 사도행전이
재현되다! [영문]
신4.6판 | 60면 | 3,500원

A Selection of Testimonies on
Heaven and Hell!
Where Will You Spend Your
Eternity?
당신의 영원을 어디서 보낼 것인가? [영문]
변승우 편저 | 신국판 | 236면

Christians Going to Hell
지옥에 가는 크리스천들 [영문]
변승우 | 신국판 변형 | 300면

The Foundation
터 [영문]
변승우 | 신국판 | 256면

根基
터 [중문]
변승우 | 신국판 변형 | 188면

거룩한진주의 도서들 4

Truth Like a Diamond!
다이아몬드 같은 진리! [영문]
변승우 | 신국판 | 495면

The Gospel Pervaded by Power
능력으로 관통되는 복음! [영문]
변승우 | 신국판 변형 | 41면

大能贯通的福音
능력으로 관통되는 복음! [중문]
변승우 | 신국판 변형 | 44면

The Kingdom of Overcomers
이기는 자가 가는 나라! [영문]
변승우 | 신국판 변형 | 52면

得胜者所进的国
이기는 자가 가는 나라! [중문]
변승우 | 신국판 변형 | 36면

When the Church Changes, the World Changes!
교회가 변하면 세상이 변한다! [영문]
변승우 | 신국판 | 220면

教会改变世界就会改变
교회가 변하면 세상이 변한다! [중문]
변승우 | 신국판 | 212면

The Clearest Truth Under the Sun
해 아래 가장 명백한 진리! [영문]
변승우 | 신국판 변형 | 44면

Christianity Alone Is the Way, and the Truth, and the Life!
오직 기독교가 길이요 진리요 생명이다! [영문]
변승우 | 신국판 변형 | 52면

唯独基督教是道路、真理、生命!
오직 기독교가 길이요 진리요 생명이다! [중문]
변승우 | 신국판 변형 | 32면

救いに至る知恵
구원에 이르는 지혜 [일본어]
변승우 | 문고판 | 102면

得救的智慧
구원에 이르는 지혜 [중문]
변승우 | 신국판 변형 | 96면

동역자 도서

영광에서 영광으로
김옥경 | 신국판 | 360면 | 16,000원

From Glory to Glory
영광에서 영광으로 [영문]
김옥경 | 신국판 변형 | 336면

荣上加荣
영광에서 영광으로 [중문]
김옥경 | 신국판 변형 | 336면

치유에 대한 성경적인 3가지 원리
치유티칭
진성원 | 신4.6판 | 96면 | 6,000원

김동욱 목사 명설교 모음
김동욱 | 신국판 | 232면 | 15,000원

물러서지 않는 것이 신앙이다!
이윤석 | 신4.6판 | 80면 | 3,000원

문맥 안에서 다시 보는 로마서 난해구
이동기 | 신국판 | 296면 | 15,000원

믿음의 순종
이동기 | 신4.6판 변형 | 72면 | 4,500원

팩트 체크! "변승우 목사가 신사도 운동을 한다?"
이동기 외 2인 | 신4.6판 | 72면 | 4,000원

'주께서' 이 안에 치유의 비결이 있다!
이길용 | 신4.6판 | 116면 | 3,500원

하나님이 창안하신 부부질서
김원호 | 신국판 변형 | 273면 | 8,000원

읽는 자는 깨달을 찐저!
강순방 | 신국판 | 184면 | 5,000원

Let the Readers Understand!
읽는 자는 깨달을 찐저! [영문]
강순방 | 신국판 | 184면

번역서

그 발 앞에 엎디어
썬다 싱 | 신국판 변형 | 152면 | 10,000원

아주사 부흥 그 놀라운 간증
토미 웰첼 | 신국판 변형 | 200면 | 12,000원

가브리엘 천사를 만나다
롤랜드 벅 | 찰스 & 프랜시스 헌터 엮음 | 신국판 | 288면 | 15,000원

주여! 내 마음을 살피사
찰스 G. 피니 | 신국판 | 376면 | 8,500원

가브리엘 천사를 만난 사람
롤랜드 벅 · 샤론 화이트 | 신국판 | 246면 | 7,700원

마귀들에 대한 놀라운 계시
하워드 O. 피트만 | 신국판 | 196면 | 12,000원

로마서 7장 14-25절의

현재시제와 삽입구에 대한 사이다 설명!

발행일 2024년 8월 13일 초판 1쇄
지은이 변승우
발행인 변승우
발행처 도서출판 거룩한진주
주 소 서울 송파구 위례성대로22길 27-22 (우) 05655
전 화 02-586-3079
팩 스 02-523-3079
Website http://www.belovedc.com
http://cafe.daum.net/Bigchurch (B 대문자)
https://www.youtube.com/@belovedch

ISBN 979-11-6890-054-7(03230)